Fontaine Rafamantanantsoa

Modélisation des performances et réseau de neurones artificiels

Fontaine Rafamantanantsoa

Modélisation des performances et réseau de neurones artificiels

Pratique sur le serveur web et le réseau local sans fil

Presses Académiques Francophones

Impressum / Mentions légales
Bibliografische Information der Deutschen Nationalbibliothek: Die Deutsche Nationalbibliothek verzeichnet diese Publikation in der Deutschen Nationalbibliografie; detaillierte bibliografische Daten sind im Internet über http://dnb.d-nb.de abrufbar.
Alle in diesem Buch genannten Marken und Produktnamen unterliegen warenzeichen-, marken- oder patentrechtlichem Schutz bzw. sind Warenzeichen oder eingetragene Warenzeichen der jeweiligen Inhaber. Die Wiedergabe von Marken, Produktnamen, Gebrauchsnamen, Handelsnamen, Warenbezeichnungen u.s.w. in diesem Werk berechtigt auch ohne besondere Kennzeichnung nicht zu der Annahme, dass solche Namen im Sinne der Warenzeichen- und Markenschutzgesetzgebung als frei zu betrachten wären und daher von jedermann benutzt werden dürften.

Information bibliographique publiée par la Deutsche Nationalbibliothek: La Deutsche Nationalbibliothek inscrit cette publication à la Deutsche Nationalbibliografie; des données bibliographiques détaillées sont disponibles sur internet à l'adresse http://dnb.d-nb.de.
Toutes marques et noms de produits mentionnés dans ce livre demeurent sous la protection des marques, des marques déposées et des brevets, et sont des marques ou des marques déposées de leurs détenteurs respectifs. L'utilisation des marques, noms de produits, noms communs, noms commerciaux, descriptions de produits, etc, même sans qu'ils soient mentionnés de façon particulière dans ce livre ne signifie en aucune façon que ces noms peuvent être utilisés sans restriction à l'égard de la législation pour la protection des marques et des marques déposées et pourraient donc être utilisés par quiconque.

Coverbild / Photo de couverture: www.ingimage.com

Verlag / Editeur:
Presses Académiques Francophones
ist ein Imprint der / est une marque déposée de
OmniScriptum GmbH & Co. KG
Heinrich-Böcking-Str. 6-8, 66121 Saarbrücken, Deutschland / Allemagne
Email: info@presses-academiques.com

Herstellung: siehe letzte Seite /
Impression: voir la dernière page
ISBN: 978-3-8416-2495-6

Copyright / Droit d'auteur © 2014 OmniScriptum GmbH & Co. KG
Alle Rechte vorbehalten. / Tous droits réservés. Saarbrücken 2014

Table des matières

Table des matières i

Liste des figures iv

Liste des tableaux vi

Introduction 1

    Contexte général 1

    Présentation du livre 3

    Organisation du livre 3

Chapitre 1 6

Analyse des performances et modélisation d'un serveur Web 6

    1.1 Performance de serveur Web 6

        1.1.1 Méthodologie d'analyse des performances 7

        1.1.2 Les outils de mesure et d'évaluation des performances Webstone 7

        1.1.3 FreeBSD et surveillance des performances 9

        1.1.4 Flux de session et architecture de serveur web Apache 9

    1.2 Configuration des expérimentations 10

    1.3 Résultats expérimentaux du serveur Web 11

        1.3.1 Expérimentation 1 : La relation entre le nombre de clients et le débit du serveur 12

        1.3.2 Expérimentation 2 : Relation entre la taille des documents et le temps de réponse du serveur 14

        1.3.3 Expérimentation 3 : Effet du paramètre MaxClients de Apache 16

        1.3.4 Expérimentation 4 : Effet du paramètre Somaxconn 17

        1.3.5 Expérimentation 5 : Effet du paramètre Maxusers 19

    1.4 Modèle analytique du serveur Web 20

        1.4.1 Algorithme de calcul de MVA 20

Chapitre 2 22

Modélisation neuronale des performances d'un serveur Web 22

2.1 Réseaux de neurones 22

   2.1.1 Le modèle de perceptron multicouche 22

   2.1.2 Utilisation du réseau de neurones. 23

   2.1.3 Limites des réseaux de neurones 25

   2.1.4 Apprentissage supervisé 26

   2.1.5 Validation croisée 26

   2.1.6 Les Outils d'apprentissage 27

   2.1.7 Algorithme d'apprentissage RPROP 27

2.2 Obtention des données de l'apprentissage 29

2.3 Méthodologie d'apprentissage 31

   2.3.1 Le modèle de réseau de neurones 31

   2.3.2 L'apprentissage 31

2.4 Résultats des apprentissages 31

   2.4.1 Apprentissage du débit du serveur Web 32

   2.4.2 Apprentissage du temps moyen de réponse du serveur Web 34

   2.4.3 Apprentissage du taux de rejet du serveur Web 35

   2.4.4 Récupération du réseau 37

Chapitre 3 38

Contrôle du serveur Web 38

3.1 Contrôle basé sur le réseau de neurones (RNs) 38

   3.1.1 Le module Moniteur 39

   3.1.2 Le module de prédiction basée sur le RNs 44

3.2 Contrôle en utilisant un correcteur PI 47

   3.2.1 Sélection de la sortie du système et l'entrée de contrôle 47

   3.2.2 Modélisation de serveur web Apache 47

   3.2.3 Conception du correcteur 50

   3.2.4 Résultats expérimentaux 53

3.3 Correcteur mixte, PI et RNs 53

3.4 Evaluation des performances 54

Chapitre 4 .... **56**

Modélisations mathématique et neuronale des performances du mécanisme d'accès DCF **56**

4.1 Le mécanisme d'accès DCF **56**

    4.2 Le Mode Infrastructure 57

        4.2.1 Le Point d'accès.. 57

    4.3 Simulation et modélisations.. 58

        4.3.1 Le Simulateur réseau NS 59

    4.4 Modélisation mathématique **61**

        4.4.1 Méthodologie.. **61**

        4.4.2 Validation et discussion 63

    4.5 Modélisation neuronale **66**

        4.5.1 Le modèle de réseau de neurones 66

        4.5.2 L'apprentissage... 66

    4.6 Comparaison des performances des modèles **70**

Conclusion et perspectives **71**

Bibliographie... **74**

Index **78**

Liste des figures

Figure 1. 1 Structure de Webstone 8

Figure 1. 2 Flux de session et architecture de Apache 9

Figure 1. 3 Configuration expérimentale 11

Figure 1. 4 Vitesse de connexion par seconde en fonction du nombre de clients 12

Figure 1. 5 Utilisation CPU en fonction du nombre de clients 12

Figure 1. 6 Temps moyen de réponse en fonction du nombre de clients 13

Figure 1. 7 Taux d'interruption 13

Figure 1. 8 Taux d'utilisation disque en fonction du nombre de clients 14

Figure 1. 9 Utilisation mémoire en fonction du nombre de clients 14

Figure 1. 10 Temps moyen de réponse en fonction des tailles des documents 15

Figure 1. 11 Vitesse de connexion par seconde en fonction des tailles des documents ... 15

Figure 1. 12 Débit en fonction des tailles des documents 16

Figure 1. 13 Vitesse de connexion par seconde en fonction de MaxClients 16

Figure 2. 1 Modèle de perceptron multicouche 23

Figure 2. 2 Fonction sigmoïde 24

Figure 2. 3 Configuration expérimentale 29

Figure 2. 4 Structure de l'outil autobench 30

Figure 2. 5 Architecture du modèle pour le débit du serveur Web 33

Figure 2. 6 Architecture du modèle pour le temps moyen de réponse 35

Figure 2. 7 Architecture du modèle pour le pourcentage de rejet 36

Figure 3. 1 Architecture générale du mécanisme de contrôle d'admission 39

Figure 3. 2 Trafic d'arrivée des requêtes durant les expérimentations 46

Figure 3. 3 Temps de réponse du serveur dans le temps avec et sans contrôle d'admission ... 46

Figure 3. 4 Données d'entrées sorties utilisées 48

Figure 3. 5 Schéma fonctionnel du système à boucle fermée 50

Figure 3. 6 Réponse indicielle du système PI en boucle fermée 52

Figure 3. 7 Effet de l'implémentation du contrôleur PI.. 53

Figure 3. 8 Effet de l'implémentation du contrôleur mixte RNs et PI... 54

Figure 4. 1 Mode Infrastructure...58

Figure 4. 2 Système de distribution 58

Figure 4. 3 Architecture du réseau durant la simulation... 59

Figure 4. 4 Variations des débits en fonction de nombre de stations pour P=1500 octets pour le protocole TCP.. 63

Figure 4. 5 Variations des débits en fonction de nombre de stations pour P=1500 octets pour le protocole UDP.. 63

Figure 4. 6 Configuration du labo 64

Figure 4. 7 Variations des débits en fonction du nombre de stations pour P= 500 octets pour le protocole TCP.. 64

Figure 4. 8 Variations des débits en fonction du nombre de stations pour P= 500 octets pour le protocole UDP.. 65

Figure 4. 9 Variations des débits en fonction du nombre de stations pour P= 1000 octets pour le protocole TCP.. 65

Figure 4. 10 Variations des débits en fonction du nombre de stations pour P= 1000 octets pour le protocole UDP.. 65

Figure 4. 11 Architecture du débit maximum du protocole TCP 67

Figure 4. 12 Architecture du modèle pour le débit maximum du protocole UDP................................. 69

Liste des tableaux

Tableau 1. 1 Description des objets et des compteurs surveillés 9

Tableau 1. 2 Caractéristiques des matériels et des logiciels utilisés 10

Tableau 1. 3 Workload durant les expérimentation 11

Tableau 2. 1 Liste des matériels et logiciels utilisés 29

Tableau 2. 2 Architecture du modèle pour le débit du serveur Web 32

Tableau 2. 3 Architecture du modèle pour le temps moyen de réponse 34

Tableau 2. 4 Architecture du modèle pour le pourcentage de rejet 36

Tableau 3. 1 Somme des carrés des erreurs 54

Tableau 4. 1 Les valeurs des paramètres utilisées 60

Tableau 4. 2 Coefficients du polynôme de TCP 62

Tableau 4. 3 Coefficients du polynôme de UDP 62

Tableau 4. 4 Architectures du débit maximum du protocole TCP 67

Tableau 4. 5 Architecture du débit maximum du protocole UDP 69

Tableau 4. 6 Résultats des modèles mathématiques et neuronaux 70

Introduction

Contexte général

Ces dernières années, l'Internet a connu un développement phénoménal. Selon [Webstat], le nombre d'utilisateurs connectés à l'Internet se situe actuellement à plus d'un milliard en Mars 2007. En Mai 2007, [Netcraft] a recensé plus de 120 millions de sites web dans le monde dont 66 millions sont hébergés sur le serveur web Apache.

Différentes infrastructures permettent l'accès à l'Internet, ligne louée, satellite, xDSL et technologie sans fil, etc. D'après [ABIresearch], le nombre de hotspots WiFi (réseau sans fil), permettant l'accès à l'Internet, continue de croître partout dans le monde. On recense près de 179 500 hotspots en Avril 2007.

Ces utilisateurs sont de plus en plus sensibles et exigeants vis-à-vis des performances, d'une part des services et d'autres parts de l'infrastructure d'accès à l'Internet.

Les sites web peuvent être considérés comme des serveurs avec un ou plusieurs serveurs web traitant plusieurs requêtes entrantes à une certaine vitesse. Les serveurs web ont une file d'attente où les requêtes sont stockées lorsque les services correspondants ne sont pas encore disponibles. Par conséquent, les serveurs web peuvent être modélisés en utilisant la file d'attente de longueur limitée ou illimitée.

Différents travaux [Mikael A. et al., 2003], [Yasuyuki F. et al., 2000], [Khaled M.Elleithy et Ananthan Komaraligan, 2002], [J. Cao et al., 2003] [R.D.V.D Mei et al., 2001] ont proposé des modèles de file d'attente M/M/1/k, M/G/1/K*PS et MMPP/G/1/K*PS pour évaluer les performances d'un serveur Web et/ou d'un proxy. Ils ont étudié l'impact sur les performances des paramètres tels que le trafic d'arrivée, la distribution de la taille des documents, la mémoire cache et le nombre maximal de connexions. D'autres travaux ont porté sur l'analyse et le dimensionnement d'un serveur Web [Virgilo A. et al., 1996], [Jean C.B. et Phylipp H.,1996], [Rodney B.Wallace et Tyrone E. Mckoy, 1996] [Kazamine M. et al., 2001] [Tatsuhiko T. et al., 2001], [Barford P. et Crovella M., 1999a], [Barford P. et Crovella M., 1999b], [Barford P.,1999] afin d'identifier l'élément qui constitue un goulet d'étranglement situé sur le chemin entre les clients et le serveur. Une fois celui-ci identifié, des solutions permettant de dimensionner la capacité de chaque élément sont proposées : CPU, mémoire, mémoire tampon des routeurs et bande passante du réseau.

L'optimisation des paramètres du système d'exploitation, et du serveur web est une solution pour améliorer les performances. Cette tâche n'est pas facile du fait que les valeurs optimales de ces paramètres varient selon les configurations matérielles et la loi de service demandé au serveur. Comme le temps de service du serveur est une fonction des paramètres d'optimisation, la modélisation de Apache, en tenant compte les valeurs de ces paramètres avec la théorie de la file d'attente devient fastidieuse. Il faut recourir à d'autres méthodes, entre autres l'utilisation de mécanisme intelligent.

Bien que les serveurs actuels soient capables de servir des milliers de requêtes par seconde, le temps moyen de réponse d'un serveur peut être relativement élevé durant la période de pointe. Cette situation décourage les utilisateurs qui sont en interaction avec le serveur et déprécie ainsi la qualité de service du serveur web. En effet, les serveurs web sont sensibles à la surcharge. Lorsque le nombre de requêtes reçues par un serveur pendant la période de pointe dépasse sa capacité, il pourrait présenter un risque de surcharge.

Différentes solutions peuvent être envisagées pour éviter la surcharge d'un serveur. [Aldemia J. et al., 1998] [Chen X et Mohapatra P, 1999] [Eggert L. et Heidemann J., 1999] proposent des solutions basées sur la différenciation des services avec priorité. Les principes de base consistent à mettre une différenciation par priorité basée sur la classification des requêtes vers le serveur et un traitement différencié à l'intérieur. La classification est réalisée suivant le temps de service requis pour le traitement de la requête, l'adresse IP du client, l'adresse sous réseau de celui-ci, l'URL (Uniform Resource Locator) ou le cookie pour identifier les requêtes comme appartenant à un niveau particulier de service différencié.

La notion de priorité de l'ordonnancement dans le serveur web offre un temps de réponse acceptable pour les processus de priorité supérieure par rapport à ceux de priorité inférieure. Néanmoins, dans le cas où le serveur est surchargé, il est encore possible que des requêtes de priorité supérieure soient abandonnées et qu'un temps de réponse acceptable par l'utilisateur ne soit plus assuré. Il en résulte la nécessité de la mise en place d'une stratégie de contrôle pour assurer un débit et un temps de réponse acceptables du serveur Web.

Depuis l'année 1990, l'application de la théorie de commande dans le domaine de réseau de communication, de serveur Web, de multimédia, de base de données a focalisé l'attention de différents chercheurs.

Dans le domaine des réseaux de communication, bon nombre de chercheurs s'intéressent à l'application de la théorie de commande au problème de contrôle de flux. En effet, [Srinivasan Keshav, 1991] ont développé le concept de « Rate Allocating Server » qui consiste à réguler le flux de paquet qui traverse la file d'attente. Plus récemment encore [C.V. Hollot et al., 2001a] et [C.V. Hollot et al., 2001b] ont développé des modèles détaillés du protocole TCP en temps continu qui ont permis de gérer le buffer dans les routeurs. Le domaine du réseau ATM (Asynchronous Transfer Mode) a été le domaine d'exploitation intensive de la théorie de commande dans les années 1990, voir [L. Benmohamed et S.M. Meerkov, 1993], [C.E. Rohrs et al.,1995], [P. Johansson et A.A. Nilsson, 1997], [N. Sai et A.P Shivaprasad, 1997], [A. Pitsillides et al., 1997] et [S. Mascolo et al., 1996]. L'utilisation du mécanisme de contrôle intelligent dans le réseau ATM a été introduite par [A. Aussem, 1994], [R. Bolla, et al., 1998], [H. Brandt et al., 1995], [A. Hiramatsu, 1991], [E. Nordström et al., 1995], [P. Tran-Gia et O. Gropp, 1992]

Des domaines d'application récents de la théorie de commande sont les middleware tels que le serveur web Apache, la base de données et le serveur de messagerie. Dans [L. Sha et al., 2002], les auteurs ont développé une stratégie de commande basée sur la combinaison des théories de la file d'attente et du contrôle. Une méthode de régulation du serveur Lotus Domino de IBM a été présentée dans [S. Parekh et al., 2002]. Un modèle MIMO (Multiple Input, Multiple Output) de contrôle de Apache (régulation simultanée de l'utilisation des ressources CPU et Mémoire) a été proposé par [Y. Diao et al.,2002]. L'implémentation d'une stratégie de commande basée sur le réseau de neurones, appliqué à un serveur web reste encore un sujet de recherche à approfondir.

De nos jours, les réseaux sans fil sont devenus de plus en plus populaires. Des constructeurs dans le domaine de la télécommunication ont des produits qui seront utilisés dans l'environnement réseau sans fil. Le concept réseau sans fil intègre différentes technologies réseaux, telles que portée de communication et bande passante de transmission. Leur portée varie d'une couverture à l'intérieur jusqu'à l'extérieur comme la troisième génération du système de téléphonie mobile.

Les caractéristiques communes des réseaux sans fil sont telles que ces derniers souffrent d'une bande passante relativement basse et d'un taux d'erreur de transmission non négligeable, par rapport aux réseaux filaires. Par contre, les réseaux sans fil offrent des avantages tels que la flexibilité et la facilité d'utilisation.

Le mécanisme d'accès le plus répandu du standard IEEE 802.11 ([IEEE 1999a]), appelé DCF, a été conçu pour les deux modes infrastructure et ad hoc du réseau sans fil. Le DCF est basé sur le protocole CSMA/CA (Carrier Sens Multiple Access with Collision Avoidance) qui permet le partage du canal pour la transmission des données asynchrones.

Contrairement au réseau local câblé, la bande passante disponible d'un réseau sans fil à mode infrastructure et utilisant la méthode d'accès DCF dépend de la taille du paquet à transmettre et notamment du nombre de stations en compétition, de la qualité de la liaison, etc. C'est pour cette raison que des chercheurs focalisent leurs études sur la performance du DCF ([Chhaya et al. 1997], [Tay, Y.,et K.Chua, 2001]). Bianchi ([Bianchi G, 1998] [Bianchi G, 2000]) présente un modèle de Chaîne de Markov à deux dimensions pour obtenir le débit maximum d'un réseau sans fil dans une condition idéale. [Chen H., Li Y, 2004] propose un modèle analytique sur les performances de IEEE 802.11 utilisant DCF en tenant compte de la longueur de paquets variable. [Sheng-Tzong Cheng, 2005] présente un modèle de file d'attente M/G/l pour évaluer la performance d'un WLAN en mode ad hoc

L'utilisateur devrait connaître la capacité d'une borne hot spots en terme de débit en fonction du nombre de stations associées au point d'accès, de la taille de paquet transmis et de la vitesse de transmission des stations. En effet, le débit observé sur chaque station, par exemple diminue lorsque le nombre de stations associées au point d'accès augmente. Des modèles d'évaluation des performances permettant de planifier la capacité des points d'accès sont alors nécessaires. L'utilisation d'un simulateur réseau permet d'avoir des données pour les modélisations des performances d'un mécanisme d'accès DCF en mode infrastructure.

Présentation du livre

C'est dans ce cadre global que se situe le présent ouvrage. On considère ici le problème d'évaluation des performances d'un serveur Web et du mécanisme d'accès DCF en mode infrastructure. Il s'agit d'un problème transversal aux différents mécanismes de gestion et de planification d'un serveur web et d'un réseau sans fil. Traditionnellement, ce problème est résolu de deux manières : soit de façon analytique à l'aide de la théorie de la file d'attente, soit de façon expérimentale par simulation (simulation par événements discrets). Ces deux approches sont complémentaires : la théorie de la file d'attente permet d'obtenir des expressions analytiques (parfois exactes) des métriques des performances sous des hypothèses relativement fortes, et pour certains systèmes d'attente, tandis que la simulation a un pouvoir d'expression beaucoup plus important (a priori sans limite), mais se heurte à des temps de calcul prohibitifs.

Après avoir analysé les effets de certains paramètres d'optimisation du système d'exploitation et du serveur Apache sur les métriques des performances du serveur, on propose d'utiliser les capacités d'apprentissage et de généralisation des réseaux de neurones feed-forward pour apprendre les métriques des performances du serveur web à partir des données empiriques.

Le problème de l'évaluation des performances est un problème inhérent aux mécanismes de contrôle, de réservation de ressources et plus généralement d'ingénierie de trafic. Pour l'implémentation d'une stratégie de contrôle du serveur web, on propose trois stratégies de contrôles basées sur l'utilisation de réseau de neurones (RNs), de contrôleur à actions Proportionnelle et Intégrale (PI), de contrôleur mixte RNs et PI.

Les performances des infrastructures d'accès jouent un rôle important pour la qualité de service dans le réseau. On propose deux modèles de performance du mécanisme d'accès DCF d'un réseau sans fil en mode infrastructure. Les deux modèles ont été obtenus respectivement en utilisant la régression des moindres carrés et la capacité d'apprentissage et de généralisation des réseaux de neurones pour apprendre les performances du mécanisme d'accès DCF à partir des données prélevées du simulateur réseau NS-2.

Organisation du livre

Ce livre est organisé en quatre chapitres. Le premier chapitre présente une analyse des relations qui existent entre certains paramètres d'optimisation et les métriques des performances d'un serveur web.

Le chapitre 2 concerne l'apprentissage des métriques des performances du serveur web. Le chapitre 3 propose trois stratégies de contrôle pour le serveur web. Le dernier chapitre est consacré au problème de modélisation des performances du mécanisme d'accès DCF en mode infrastructure.

Ces travaux ont fait l'objet de quatre présentations dans des rencontres scientifiques internationales : [R. Fontaine et P. Laurencot, 2007 a], [R. Fontaine et P. Laurencot, 2007 b], [R. Fontaine et P. Laurencot, 2009 a] et [R. Fontaine et P. Laurencot, 2009 b].

Chapitre 1 : Ce chapitre porte sur l'analyse et la modélisation des performances d'un serveur Web. On effectue différentes expérimentations pour examiner les performances du serveur Web. Afin de rendre négligeable la latence causée par le réseau, on utilise un commutateur configuré en Etherchannel pour interconnecter les clients avec le serveur. On utilise **Webstone** comme outil d'évaluation des performances. Dans les expérimentations, on considère : (1) la relation entre le nombre de clients et le débit du serveur, (2) la relation entre la taille de documents et le temps de réponse, (3) l'effet du paramètre MaxClients de Apache sur les performances du serveur, (4) l'effet du paramètre Somaxconn du système d'exploitation FreeBSD sur les performances du serveur, et (5) l'effet du paramètre Maxusers du système d'exploitation FreeBSD sur les performances du serveur. Durant les expérimentations, on utilise l'outil **bsdsar** pour étudier les comportements des ressources telles que le CPU, la mémoire et le disque sur le serveur. Le chapitre se termine par un modèle fermé d'une seule classe des performances du serveur en utilisant la technique itérative permettant de résoudre les réseaux de files d'attente, MVA (Mean Value Analysis).

Chapitre 2 : Ce chapitre est consacré à la modélisation neuronale des métriques des performances du serveur web. On effectue bon nombre d'expérimentations pour mesurer l'effet des paramètres d'optimisation du système d'exploitation FreeBSD, du serveur Apache et le trafic d'arrivée λ sur les métriques des performances du serveur. On utilise les outils Autobenchadmin et HTTPerf comme outil d'évaluation des performances. A partir des données obtenues, on utilise la capacité d'apprentissage et de généralisation de réseau de neurones feed-forward pour apprendre les performances du serveur. Trois réseaux de neurones sont nécessaires pour prédire respectivement le temps moyen de réponse, le pourcentage de rejet et le débit du serveur en fonction des paramètres d'optimisation du système d'exploitation FreeBSD, du serveur Apache et le trafic d'arrivée λ. On effectue l'apprentissage à l'aide de l'outil SNNS (Stuttgart Neural Network Simulator) en utilisant l'algorithme d'apprentissage RPROP (Resilient Backpropagation). Pour les méthodes d'apprentissage et de validations des modèles, on applique respectivement l'apprentissage supervisé et la validation croisée.

Chapitre 3 : Ce chapitre traite trois stratégies de contrôle pour le serveur web. Ces trois stratégies sont basées respectivement sur l'utilisation du réseau de neurones (RNs), de contrôleur à actions Proportionnelle et Intégrale (PI) et de la combinaison de RNs avec PI. Le système de contrôle utilise le paramètre d'optimisation MaxClients de Apache comme entrée de contrôle et le temps moyen de réponse comme sortie du système. Il s'agit de maintenir le temps moyen de réponse pour être proche d'une valeur de consigne en ajustant la valeur de MaxClients. On propose d'abord une stratégie de contrôle à boucle ouverte basée sur le réseau de neurones. Le principe est le suivant : on estime la moyenne de λ une période T. A chaque instant T, le système de contrôle lit les valeurs des paramètres Somaxconn et Maxusers ajuste la valeur de MaxClients à une nouvelle valeur correspondant au temps moyen de réponse estimé par le réseau de neurones et plus proche de la valeur de consigne. Ensuite, on présente une stratégie de contrôle à boucle fermée avec un correcteur PI. L'entrée de contrôle et la sortie du système reste les mêmes que celles utilisées précédemment. Contrairement au système de contrôle à boucle ouverte qui ne nécessite aucune mesure de la sortie, le système à boucle fermée doit mesurer périodiquement cette dernière. MaxClients doit être ajusté par rapport aux erreurs observées $e(k)$ suivant la formule

$$MaxClients(k) = MaxClients(k-1) + (K_P + K_I e(k) - K_P e(k-1)).$$

On obtient K_P et K_I en utilisant la méthode par placement de pôle à partir des caractéristiques désirées et la fonction de l'ensemble du système de contrôle à boucle fermée. Enfin, on propose une stratégie de contrôle mixte utilisant à la fois RNs et PI. Le RNs estime MaxClients, et PI corrige l'erreur en ajustant ce dernier à partir de la mesure effectuée.

Chapitre 4 : Ce chapitre est dédié à la modélisation des performances du mécanisme d'accès DCF en mode infrastructure. On effectue plusieurs simulations pour examiner le débit observé sur chaque station d'un réseau sans fil utilisant DCF en mode infrastructure en fonction de la taille du paquet, de la vitesse de transmission et du nombre de stations accédant à la fois au point d'accès. On utilise le simulateur réseau NS-2. On examine les deux protocoles TCP et UDP. A partir des données obtenues, d'abord on applique les méthodes de régression des moindres carrées pour trouver les expressions mathématiques du débit maximal observé sur chaque station en fonction de la taille du paquet, de la vitesse de transmission et du nombre de stations pour TCP et UDP. On valide expérimentalement les modèles en utilisant des machines sous Linux, un point d'accès Cisco et l'outil Iperf. Ensuite, on utilise la capacité d'apprentissage et de généralisation de réseau de neurones feed-forward pour apprendre les performances du mécanisme d'accès DCF. Deux couches du réseau de neurones sont nécessaires pour prédire le débit maximum observé sur chaque station en considérant respectivement les protocoles TCP et UDP, en fonction de la taille de paquet, de la vitesse de transmission et du nombre de stations accédant à la fois au point d'accès. On réalise l'apprentissage à l'aide de l'outil SNNS (Stuttgart Neural Network Simulator) en utilisant l'algorithme d'apprentissage par RPROP (Resilient Backpropagation). Pour les méthodes d'apprentissage et de validation des modèles, on applique respectivement l'apprentissage supervisé et la validation croisée. A la fin du chapitre, on présente une étude comparative des performances des deux modèles : mathématique et neuronal.

Chapitre 1

Analyse des performances et modélisation d'un serveur Web

Le World Wide Web est un système Client/serveur qui intègre différents types d'information sur Internet. Il permet aux utilisateurs de naviguer sur différents sites à travers le monde. Le web est devenu de plus en plus populaire. La technologie Web implique la combinaison des navigateurs Web et des serveurs Web. Ensemble, les deux éléments forment un outil graphique facile permettant de naviguer sur Internet.

Les utilisateurs du Web sont très exigeants quant à la rapidité d'accès à différents documents sur Internet. C'est pourquoi les performances du serveur Web sont d'une importance capitale. Le client, le serveur et le réseau qui lient les clients avec les serveurs affectent la latence c'est-à-dire le temps de réponse d'une requête. Le délai d'attente au niveau du client est le temps requis par le navigateur pour afficher le document. La latence au niveau du réseau est le temps d'accès au serveur distant plus le temps de transmission des données. Le délai sur le serveur est le temps que met ce dernier pour traiter la requête.

Dans ce chapitre, on analyse et modélise les performances d'un serveur Web. Les effets de quelques paramètres d'optimisation du système d'exploitation FreeBSD et du serveur Web Apache sur les performances du serveur Web seront notamment examinés.

1.1 Performance de serveur Web

Un serveur Web est un système sur un réseau qui peut traiter des requêtes http. Le HyperText Transfer Protocol (HTTP) est le premier protocole utilisé par le Web pour récupérer des informations à partir des serveurs distribués.

Afin de bien organiser les mesures des performances d'un serveur Web, le système doit respecter les conditions suivantes :

- une machine sur laquelle un serveur Web à tester est installé,
- des machines clientes en nombre suffisant avec un logiciel de mesure des performances pour éviter leur saturation,
- un réseau de très haut débit et dédié au trafic HTTP reliant le serveur avec les clients pour éviter la saturation de la liaison,
- une machine pour la synchronisation et les collectes des résultats

Quatre métriques sont utilisées pour mesurer la capacité d'un serveur Web :

1. le nombre des requêtes traitées par seconde (unité de mesure : rps ou HTTPPops/sec) : est une mesure du nombre de requêtes gérées par un serveur Web durant une période de temps déterminée. Les requêtes peuvent être adressées à des fichiers statiques de différente taille, mais aussi à des fichiers HTML dynamiques, des commandes CGI ou accès aux bases de données à travers différentes API. Si les requêtes arrivent avec une fréquence plus grande que la capacité du serveur, elles ne sont pas traitées.

2. le débit (unité de mesure : octets par seconde): la quantité maximale de données que le serveur Web peut transmettre à toutes les connexions HTTP ouvertes pour une durée de temps prédéterminée (le débit dépend fortement de la bande passante du réseau).
3. la latence d'une requête (unité de mesure : RTT) : le temps nécessaire pour commencer à répondre à une requête après l'établissement de la connexion.
4. le nombre d'erreurs : les requêtes non traitées par le serveur en raison d'un très grand nombre de requêtes reçues.

1.1.1 Méthodologie d'analyse des performances

Les avantages de l'analyse des performances d'un serveur Web sont multiples. Le premier, est d'évaluer le niveau du service fourni par le serveur, en termes de temps de réponse, de taux d'erreur, et de débit. D'autres avantages sont les suivants permettant d'évaluer l'usage des ressources afin d'identifier le goulet d'étranglement, anticiper des problèmes de performance et comprendre l'influence du nombre maximum de connexions, de la politique d'ordonnancement du processeur, ... sur la performance du serveur. Ce dernier peut aider l'administrateur système pour optimiser les paramètres matériels et logiciels du système. L'ultime avantage de l'analyse des performances est de déterminer la capacité d'un serveur Web qui peut être définie comme le débit maximal observé correspondant au temps d'exécution de requêtes acceptables.

Les étapes principales permettant l'évaluation des performances sont les suivantes:

- Comprendre l'environnement du serveur
    La question principale abordée dans cette étape est le niveau du service à fournir aux utilisateurs et les performances requises ;
- Surveiller les opérations du serveur
    La principale source d'information sur l'étude des performances est la donnée collectée à partir de l'observation des activités du serveur. Le comportement du serveur peut être surveillé par différents outils du système d'exploitation, comme l'Unix/sar ou le NT/Performance Monitor de Microsoft. Ces outils fournissent des informations sur l'utilisation des ressources.
- Caractériser le Workload
    Les fichiers de log sont utiles pour caractériser le workload. Les trois paramètres les plus importants pour caractériser le workload d'un serveur web sont : les types de document (HTML, image, vidéo, etc), leur popularité et leur taille.
- Analyser la capacité et les performances du serveur.
    Dans les sections suivantes, on utilise la méthode présentée ci-dessus pour analyser les performances du serveur web notamment sous l'influence de quelques paramètres d'optimisation de Apache et de FreeBSD.

1.1.2 Les outils de mesure et d'évaluation des performances Webstone

Il existe plusieurs différents outils de mesure et d'évaluation de performance d'un serveur web: SURGE [Barford P. et Corvella M., 1998]; SpecWeb96 [Web96]; WAGON [Z. Liu et al., 1999] ; SpecWeb99[Erich M., 1999] ;Webbench[Wbench] ; HTTPERF[David M. et Tai J., 1998] ; WEBSTONE [Gene T. et Mark S., 1996]. Ces outils tournent indépendamment de la plateforme serveur ou du logiciel serveur sur lesquels ils sont exécutés. Côté client, ces outils génèrent des requêtes au serveur pour examiner les comportements et les performances de ce dernier. Dans le cadre de l'étude, on a utilisé WEBSTONE comme outil de mesure et d'évaluation des performances. Ce choix est justifié par le fait que WEBSTONE permet de spécifier la distribution de la taille de document demandé, la fréquence d'accès au serveur web et le nombre de clients qui génère de charge pour le serveur. La Figure 1.1 illustre la structure de WEBSTONE.

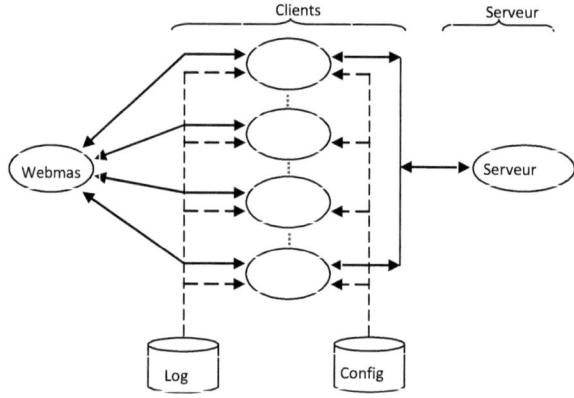

Figure 1.1 *Structure de Webstone*

Les «Webchildren» sont contrôlés par le «WebMASTER», qui lance à distance plusieurs « Webchildren » sur une ou différentes machines clientes. Chaque Webchildren émet des requêtes l'un après l'autre au serveur web. Plus précisément, après que le Webchildren établit une connexion avec le serveur, il envoie une requête. Il ferme immédiatement la connexion après avoir reçu le document ensuite la nouvelle connexion est établie pour obtenir le document suivant.

Après exécution de chaque client, les données sont collectées sur des machines clientes par le WebMASTER et un rapport sur les performances est généré.

Autre importante mesure est le Little's Load Factor (LLF), dérivée de la loi de Little. Ce facteur reflète le degré de concurrence dans l'exécution des requêtes. C'est le nombre moyen de requêtes que le serveur peut gérer à un moment donné. Le LLF est calculé par la formule :

$$LLF = \frac{total\_cumulative\_time}{test\_time}$$

Total cumulative_time est la somme des latences mesurées pour toutes les connexions et Test_time représente la durée de l'exécution des tests avec l'outil de mesure de performance. Idéalement, LLF doit être égal au nombre de processus clients. Une valeur inférieure indique que le serveur est surchargé et certains clients n'ont pas été servis avant le time out.

Les règles de configuration suivantes sont prescrites lorsqu'on utilise WEBSTONE [Gene T. et Mark S., 1996] :
-File set : contient la liste de la page demandée et la fréquence d'accès
-Benchmark Run Configuration : le temps d'exécution de l'outil doit être au minimum de dix minutes ce qui permet d'avoir un temps nécessaire pour le serveur et le client avant d'atteindre l'état stable. Ce temps peut être suffisamment long pour annuler les variations importantes observées pendant les premières minutes d'exécution.

-Le nombre de clients : le nombre de clients doit varier entre 20 et 100 avec une incrémentation de 10 pour que les performances du serveur sous différentes charges soient observées.

-La configuration de la machine serveur : il est nécessaire que l'utilisateur devrait rapporter le système d'exploitation, la configuration mémoire et n'importe quelle modification spécial à apporter au système d'exploitation notamment la pile de protocole TCP/IP.

1.1.3 FreeBSD et surveillance des performances

FreeBSD fournit différents outils permettant de collecter et d'afficher des informations concernant les performances du système. **Bsdsar** est un outil basé sur une série de compteurs qui représentent les mesures des performances. Il permet à un utilisateur d'étudier les comportements des ressources telles que CPU, mémoire, disque et réseau. **Bsdsar** peut fournir des mesures sur l'utilisation CPU, disque, le nombre de paquets transmis par seconde, le nombre d'interruptions par seconde et l'utilisation RAM. L'outil est écrit en langage Perl et possède différentes options. Le Tableau 1.1 donne la description des objets et des compteurs surveillés.

Objet	Compteur	Description
Mémoire	Octets/sec.	Nombre d'octets transférés à partir ou vers le disque
Disque physique	٪ Temps disque	Pourcentage du temps où le disque est occupé
Processeur	٪ Temps processeur	Pourcentage du temps où le CPU est occupé
	Interruption/sec.	Nombre d'interruptions des périphériques

Tableau 1.1 *Description des objets et des compteurs surveillés*

1.1.4 Flux de session et architecture de serveur web Apache

Le serveur Apache version 1.3 est structuré comme un pool de processus contrôlés par le processus « master ». Comme le montre la Figure 1.2, le processus « master » contrôle les processus « workers » et gère leur création et destruction. Les processus « workers » sont responsables de la gestion de la communication avec les clients Web, y compris le travail nécessaire pour générer les réponses. Un processus « worker » ne peut gérer qu'une seule connexion jusqu'à la terminaison de celle-ci.

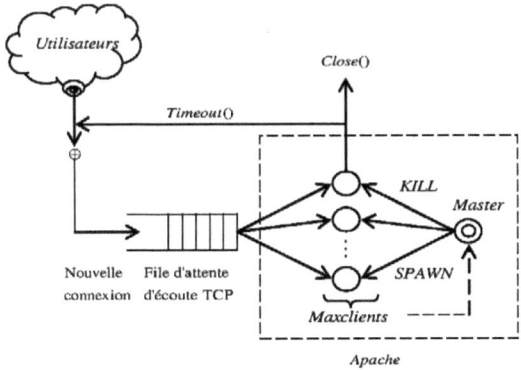

Figure 1.2 *Flux de session et architecture de Apache*

Le paramètre MaxClients de Apache limite le nombre de processus « workers ». Si le nombre de requêtes reçues par le serveur est supérieur au nombre de processus « workers » générés par le processus « master », certaines requêtes seront mises en attente dans la file d'attente du protocole TCP. Dans le cas du système d'exploitation FreeBSD, la taille de cette file d'attente TCP peut être contrôlée avec le paramètre sysctl, kern.ipc.somaxconn du noyau.

1.2 Configuration des expérimentations

Le système expérimental utilisé est illustré sur la Figure 1.3. Afin d'éviter que le réseau ne constitue un goulet d'étranglement, on a utilisé un commutateur CISCO Catalyst 2950 configuré en Etherchannel pour interconnecter les clients avec le serveur. Il est à faire remarquer que la latence causée par le réseau est négligeable par rapport au temps de traitement au niveau du serveur. C'est pourquoi dans ce livre, on ne va pas discuter du délai au niveau du réseau.

Le Tableau 1.2 résume les matériels et les logiciels utilisés pendant les expérimentations. On a utilisé Apache (Version 1.3) [G.Banga et P.Druschel, 1997] pour le serveur HTTP. Il existe actuellement différents serveurs HTTP : Internet Information Server de Microsoft Co [D. Mosberger et T. Jin, 1998], Entreprise Server de Netscape Communications Co. [Autobench], NCSA [F. Hernandez-Campos et al., 2003] et CERN [Martin F. et Carey L., 1996]

	Serveur	Clients
C P U	Pentium III 800MHz	Pentium III 800MHz
Mémoire Principale	256 Mo	128Mo
Système d'Exploitation	FreeBSD	Linux
Serveur Web	Apache 1.3	
Outils	bsdsar 1.0	Webstone 2.5

Tableau 1. 2 *Caractéristiques des matériels et des logiciels utilisés*

On a choisi Apache qui représente 65% des serveurs Web [W. Gong et al., 2001].
Les expérimentations ont été effectuées sur une plateforme de serveur dédié, ayant les caractéristiques suivantes : Pentium III 800 MHz de processeur, 256 Mo de mémoire, FreeBSD 5.1 avec TCP/IP et carte Ethernet. Dans nos expérimentations, on a utilisé Webstone (Ver 2.5) comme outil de mesure des performances du serveur. Pour chaque jet de simulations, on a testé cinq expérimentations. Pour obtenir des résultats fiables, chaque expérimentation a été lancée pendant dix minutes. Les résultats présentés ici sont donc la moyenne des résultats obtenus des cinq expérimentations.
On remarque que dans les expérimentations, on a seulement considéré de requêtes sur des documents statiques et n'incluent pas des requêtes qui nécessitent d'autres traitements au niveau du serveur telles que **cgi**.

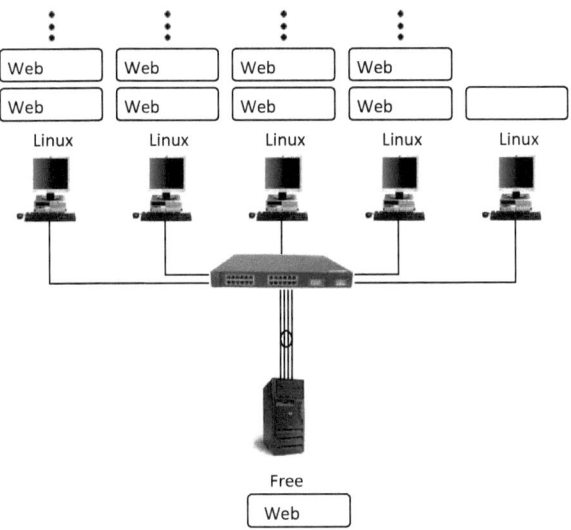

Figure 1. 3 *Configuration expérimentale*

1.3 Résultats expérimentaux du serveur Web

Des séries d'expérimentations ont été effectuées pour examiner les performances du serveur Web. Les expérimentations consistaient en exécutant le Webstone sur les machines Linux avec la charge de travail (workload) décrit par les paramètres **Filelists**. Les expérimentations ont été surveillées en utilisant l'outil **bsdsar** de FreeBSD. Les ressources surveillées sont : mémoire, disque physique et CPU.

Côté client, l'outil Webstone collecte différentes métriques des performances telles que le débit, le temps de réponse et la vitesse de connexion. L'outil bsdsar assure la collecte les informations sur l'utilisation des ressources (RAM, disque, CPU, etc). Durant les expérimentations, le workload du Tableau 1.3 a été utilisé.

Caractéristiques	Workload
Nombre de fichiers	25
Taille totale de fichiers	3,6 Moctets
Taille moyenne de fichiers	150 Koctets

Tableau 1. 3 *Workload durant les expérimentations*

Dans cette section, on représente les résultats des expérimentations comme suit :

Expérimentation 1: Relation entre le nombre de clients et le débit du serveur

Expérimentation 2: La relation entre la taille de documents et le temps moyen de réponse

Expérimentation 3: Effet du paramètre MaxClients de Apache

Expérimentation 4: Effet du paramètre Maxconn du noyau du système FreeBSD

Expérimentation 5: Effet du paramètre Maxusers du noyau du système FreeBSD

1.3.1 Expérimentation 1 : La relation entre le nombre de clients et le débit du serveur

Les expérimentations ont été réalisées en utilisant les valeurs par défaut des paramètres d'optimisation de Apache et de FreeBSD..

La Figure 1.4 montre qu'en dessous de 80 clients, la vitesse de connexion augmente lorsqu'on augmente le nombre de clients. A partir de 80 clients, la vitesse de connexion diminue en raison de la surcharge du CPU qui atteint presque 100% (Figure 1.5). Quand le CPU devient saturé, la vitesse de connexion atteint sa valeur maximale.

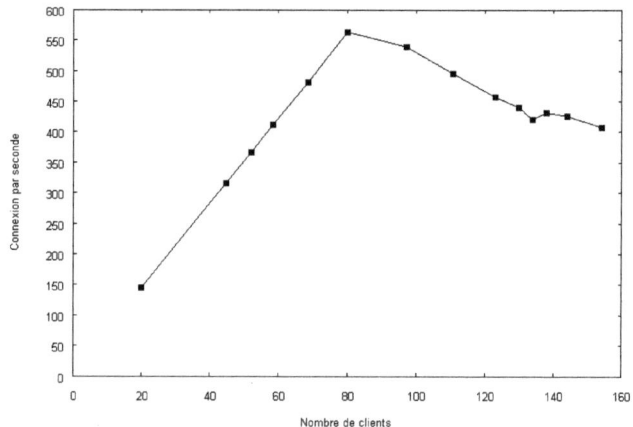

Figure 1. 4 *Vitesse de connexion par seconde en fonction du nombre de clients*

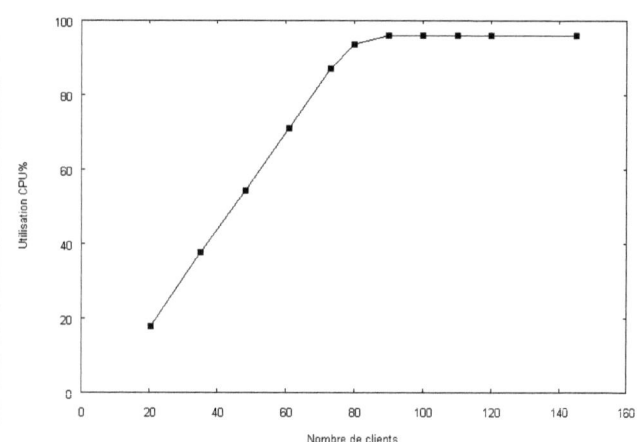

Figure 1. 5 *Utilisation CPU en fonction du nombre de clients*

L'allure des courbes de la vitesse de connexion et le débit sont similaires. Dans les expérimentations, la vitesse de connexions et le débit ont la même signification. La différence est que la vitesse de connexion est mesurée en http requêtes/sec tandis que le débit est spécifié en octets/sec. Lorsque le nombre de clients augmente, le nombre de paquets TCP/IP reçu par le serveur augmente également. Puisque le CPU à gérer toutes les interruptions, la ressource CPU nécessaire pour les processus HTTP devient insuffisante, et par conséquent la vitesse de connexion diminue.

Le temps moyen de réponse est une métrique des performances importante d'un serveur Web. Les Figure 1.6 et Figure 1.7 montrent respectivement la courbe du temps moyen de réponse en fonction du nombre de clients et du taux d'interruptions sur le serveur obtenu à l'aide de l'outil **bsdsar**.

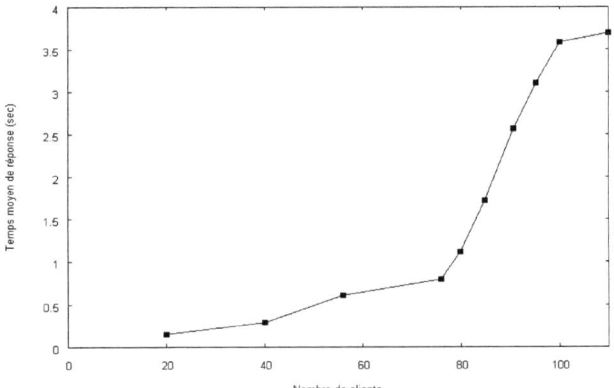

Figure 1. 6 *Temps moyen de réponse en fonction du nombre de clients*

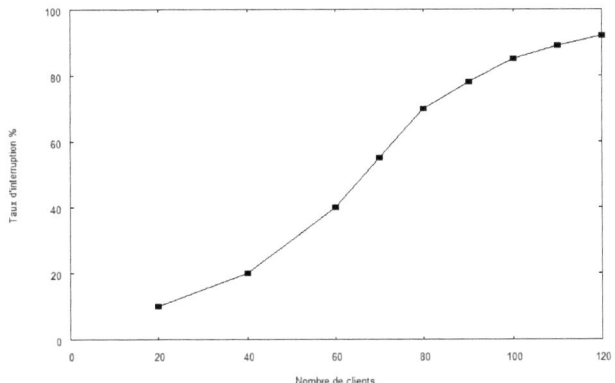

Figure 1. 7 *Taux d'interruption*

On constate que logiquement, la courbe du temps moyen de réponse augmente avec le nombre de clients. La courbe augmente jusqu'au nombre de clients égal à 100 et semble se stabiliser à ce niveau. Ce comportement serait dû à la surcharge du CPU et l'interface réseau. Certains paquets TCP/IP sont perdus et les interruptions correspondantes n'ont pas été créées.

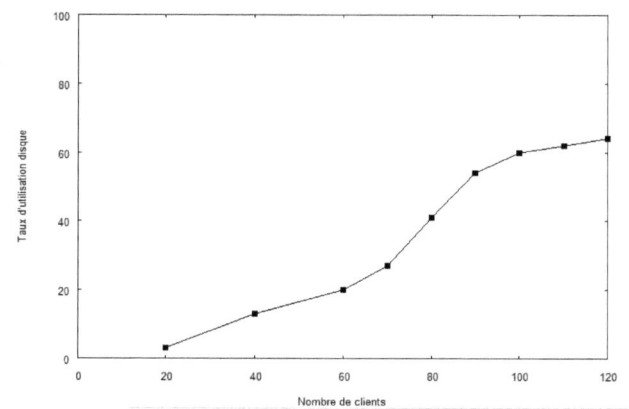

Figure 1. 8 *Taux d'utilisation disque en fonction du nombre de clients*

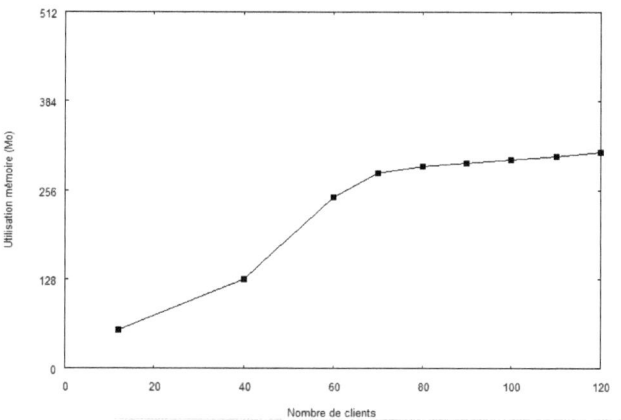

Figure 1. 9 *Utilisation mémoire en fonction du nombre de clients*

Les Figure 1.8 et Figure 1.9 montrent respectivement les comportements de la mémoire et du disque. Les deux courbes octets/sec et l'utilisation disque sont semblables. On constate que ni la mémoire, ni le disque ne constitue un goulet d'étranglement.

1.3.2 Expérimentation 2 : Relation entre la taille des documents et le temps de réponse du serveur

Le site Web comporte différents types de documents tels que texte, images, sons et vidéos. De plus, les tailles des documents sont largement variées selon leurs contenus. Par exemple, les auteurs [M. Nabe et Al., 1997] ont montré que la taille de document suit une distribution log-normal. D'autres [F. Hernandez-Campos et al, 2003] et [W. Gong et al., 2001] affirment que la taille de document sur le site Internet suit la distribution de Pareto. On veut savoir le temps de service requis pour une taille de document donnée. Dans cette section, on examine la relation entre la taille de document et le temps de traitement requis sur le serveur. Pour cela, on n'a pas utilisé les documents de l'expérimentation 1. Pour chaque expérience, on fixe la taille de documents respectivement à 0.1Koctets, 1 Koctets, 10 Koctets, 100 Koctets et 1000 Koctets. Le nombre de clients pour stresser le serveur a été fixé à 60.

Les Figure 1.10 et Figure 1.11 montrent le temps moyen de réponse et la vitesse de connexion du serveur. On donne aussi le débit en Mbits/sec, Figure 1.12 lequel a été obtenu en multipliant la vitesse de connexion par la taille de document.

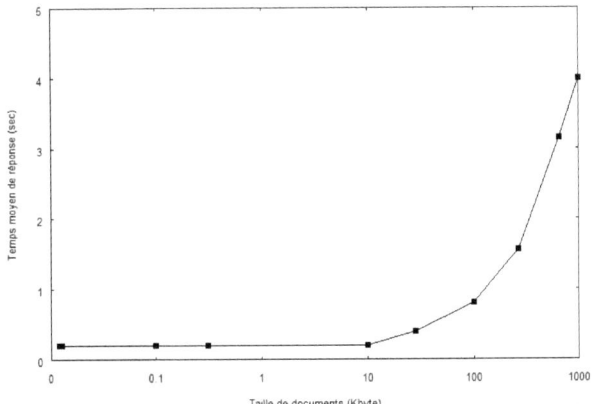

Figure 1. 10 *Temps moyen de réponse en fonction des tailles des documents*

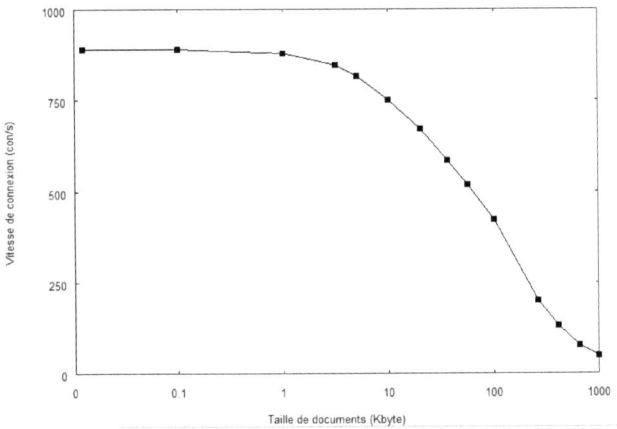

Figure 1. 11 *Vitesse de connexion par seconde en fonction des tailles des documents*

De la Figure 1.10, on peut constater que les temps de réponse sont presque constants quand les tailles de documents sont petites. Cela est dû à la durée de traitement des entêtes de paquets qui est constante pour n'importe quelle taille de document. Par contre, le temps de transfert est proportionnel à la taille de document. Ce dernier devient négligeable lorsque la taille de document est petite.

Quand la taille de document augmente, le temps moyen de réponse du serveur et le débit augmentent graduellement. Il est alors apparemment inadéquat d'affirmer que le temps moyen de réponse est proportionnel à la taille de document.

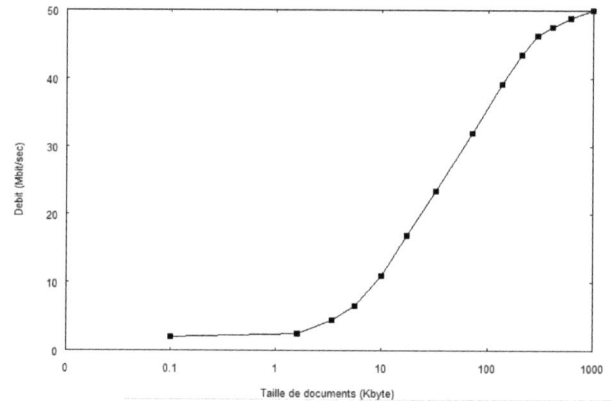

Figure 1. 12 *Débit en fonction des tailles des documents*

1.3.3 Expérimentation 3 : Effet du paramètre MaxClients de Apache

Pour démontrer l'effet de MaxClients sur les performances du serveur, on a effectué différentes expérimentations en faisant varier la valeur de MaxClients. Le nombre de clients durant les expérimentations a été fixé à 100 et la charge de travail (workload) reste la même que lors des expérimentations précédentes. On a changé les deux paramètres MinSpareServers et MaxSpareServers pour que seul le paramètre MaxClients contrôle la taille de workers. Le Processus Maître de Apache crée ou tue les processus worker pour s'assurer que le nombre total de workers soit égal à MaxClients. La Figure 1.13 montre la vitesse de connexion en fonction du paramètre MaxClients.

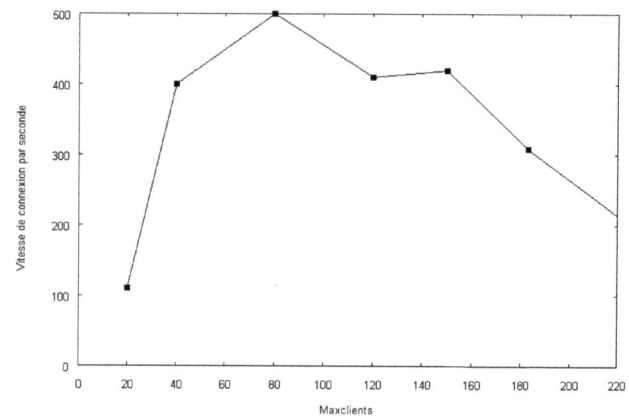

Figure 1. 13 *Vitesse de connexion par seconde en fonction de MaxClients*

En considérant la figure, on peut constater que la performance est presque identique pour les valeurs de MaxClients entre 120 et 150, mais relativement inférieure pour la valeur 80 de Maxclients (processus insuffisants) et est devenue médiocre pour la valeur 100 de MaxClients (trop de processus en compétition). On remarque qu'on a gardé le serveur en état complètement chargé pour avoir le nombre de requêtes toujours supérieur au nombre de processus disponibles. C'est-à-dire que certaines requêtes sont mises en attente dans la file, et ne peuvent pas être servies immédiatement.

Quand le nombre de processus est au dessus de 80, de plus en plus de temps ont été mis par les processus en état dormant et le changement de contexte qui par conséquent diminue la performance du serveur. Avec seulement 60 processus disponibles, le CPU n'est pas complètement chargé et la commande **vmstat** nous a permis de savoir qu'on a encore assez de mémoire disponible.

On a réalisé les mêmes expérimentations que les précédentes, en augmentant la RAM de la machine serveur à 512 Mo, mais on a obtenu presque la même courbe que celle de la Figure 1.13.

Le résultat a conduit à faire la conclusion suivante : augmenter la taille de la RAM ne veut pas forcément dire augmenter la performance si le CPU est déjà complètement chargé avec le nombre de processus. En effet, si on lance plus de processus, on a une dégradation de la performance.

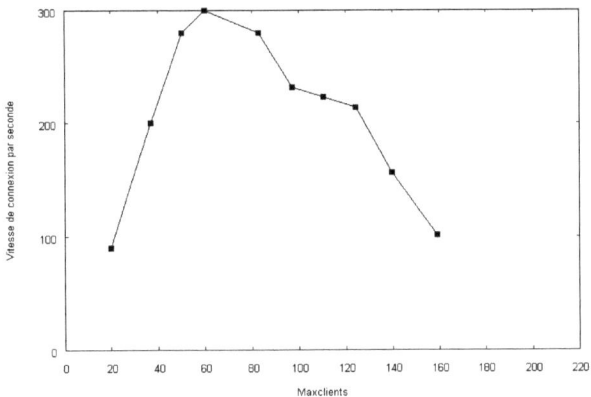

Figure 1. 14 *Vitesse de connexion par seconde en fonction de MaxClients*

La Figure 1.14 montre un résultat différent lorsqu'on a diminué à 128Mo la taille de la RAM de la machine serveur. On constate qu'à partir de MaxClient égal à 60, on constate une dégradation de performance en raison d'une utilisation intensive de swap.

1.3.4 Expérimentation 4 : Effet du paramètre Somaxconn

Pour démontrer l'effet du paramètre somaxconn, on a effectué différentes simulations en faisant varier la valeur du paramètre somaxconn. On a considéré deux cas. Dans le premier cas, le nombre de processus dans le système est inférieur à MaxClients. La courbe de la Figure 1.15 montre le LLF obtenu en fonction du nombre de clients. Le nombre maximal de clients dans les expérimentations a été choisi de façon à ne pas charger complètement le CPU. D'après la figure, LLF coïncide avec le nombre de clients. Toutes les requêtes émises ont été donc servies parce que le nombre de processus est encore insuffisant pour charger complètement le CPU.

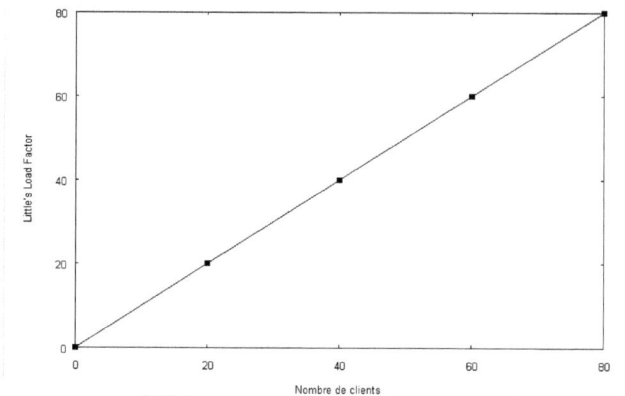

Figure 1. 15 *LLF en fonction du nombre de clients*

Dans le deuxième cas, on a fixé le nombre de clients à une valeur de façon à avoir un nombre de processus largement supérieur à MaxClients. La Figure 1.16 montre la vitesse de connexion par seconde obtenue en fonction de la taille de Somaxconn. Sur cette figure, on constate que la vitesse de connexion augmente avec Somaxconn pour les valeurs de Somaxconn inférieurs à 125. Et les performances obtenues pour des valeurs de Somaxconn comprises entre 125 et 700 sont les mêmes. Cependant, si Somaxconn est supérieur à 700, on observe une dégradation des performances.

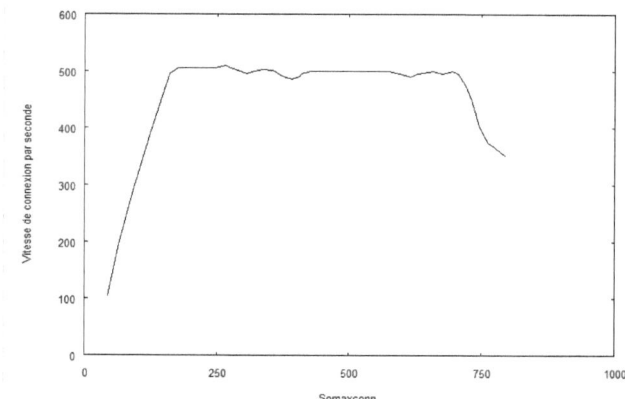

Figure 1. 16 *Vitesse de connexion par seconde en fonction de Somaxconn*

Comme le nombre de processus est largement supérieur à MaxClients, certains processus ont été mis en attente dans la file. Et si la longueur de cette file (Somaxconn) est trop petite, il y a des rejets de requêtes. Par ailleurs, pour des valeurs de Somaxconn trop élevées, on constate également un taux d'erreur élevé. Cette situation s'explique par le fait que certaines requêtes ont mis trop de temps à attendre dans la file et ont été victimes de délai d'attente dépassé (time out).

1.3.5 Expérimentation 5 : Effet du paramètre Maxusers

Pour mettre en évidence l'effet du paramètre Maxusers, on a procédé à des expérimentations en faisant varier la valeur du paramètre Maxusers. Les paramètres MaxClients et Sommaxconn ont été fixés à leur valeur optimale respective. Le nombre de clients durant les expérimentations a été fixé à une valeur qui peut complètement charger le CPU. La Figure 1.17 montre la vitesse de connexion en fonction du paramètre Maxusers. Sur cette figure, on constate que la vitesse de connexion augmente avec Maxusers pour des valeurs de Maxusers inférieures à 125. Et les performances obtenues pour des valeurs de Maxusers comprises entre 125 et 300 sont les mêmes. Cependant, si Maxusers est supérieur à 300, on observe une dégradation considérable des performances.

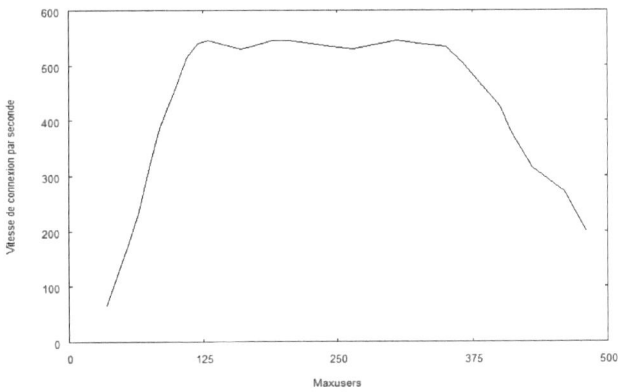

Figure 1. 17 *Vitesse de connexion par seconde en fonction de Maxusers*

Une valeur trop petite de Maxusers engendre des ressources insuffisantes (buffer, descripteur, etc). Une simple consultation du fichier de log du serveur permet de le confirmer.

De même, si Maxusers a une valeur trop grande, on constate de même une dégradation importante de la performance. En effet, comme la taille mémoire utilisée par le réseau **mbufs** est proportionnelle à Maxusers (Formule), mbufs devient trop important, et les ressources mémoires utilisées par d'autres modules du système deviennent insuffisantes. Cette situation réduit considérablement les performances du système (buffer cache insuffisante, mémoire insuffisante).

D'autres expérimentations, permettant d'examiner les relations entre le paramètre Maxusers et le nombre de mbufs alloués, le nombre maximal de fichiers ouverts et le nombre maximal de processus que l'on peut créer ont été effectuées. Les formules (1), (2) et (3) expriment respectivement le nombre maximal de fichiers ouverts, le nombre de processus maximal et la taille de mbufs, que l'on peut créer en fonction du paramètre Maxusers.

$$y_{\max file} = 32x + 40 \qquad (1.1)$$

$$y_{\max proc} = 28,8x + 36 \qquad (1.2)$$

$$y_{nmbcluster} = 64x + 1024 \qquad (1.3)$$

$y_{\max file}$: représente la limite du nombre de fichiers ouverts

$y_{max\,proc}$: représente la limite du nombre de processus

$y_{nmbcluster}$: représente le nombre de clusters alloué pour le réseau

x : représente la valeur du paramètre Maxusers.

1.4 Modèle analytique du serveur Web

On présente dans cette section un modèle simple basé sur la file d'attente représentant l'architecture du serveur (processeur, mémoire, et disque). La charge de travail consiste en une classe : les requêtes HTTP reçues par le serveur. La charge du système d'exploitation sera implicitement représentée dans cette classe.

Le serveur est représenté par un modèle fermé (closed model). Un modèle fermé d'une seule classe peut être représenté par les équations MVA (Mean Value Analysis) [D. Menascé et al., 1994]. Il s'agit d'une technique itérative pour résoudre le problème de réseaux de files d'attente.

1.4.1 Algorithme de calcul de MVA

L'algorithme pour le MVA est donné ci-dessous. C'est pour un réseau de classe unique avec N clients et K périphériques. Le temps moyen de service d'un client sur le périphérique i est S_i, et le nombre moyen de visites qu'un client a effectuées pour le périphérique i est V_i. Pour tout client n ($1 \leq n \leq N$), l'algorithme cherche à trouver les métriques des performances suivantes : le temps moyen de séjour dans chaque périphérique, le temps moyen de réponse, le débit de l'ensemble ou par périphérique, le taux d'utilisation et le nombre moyen de clients dans chaque périphérique.

1. Initialiser le nombre moyen de clients dans chaque périphérique i:
$$\bar{n}_i(0) = 0$$

2. Pour chaque client de n = 1,2,...,N
    a. Calculer le temps moyen de séjour dans chaque périphérique i
    $$R'_i(n) = V_i S_i [1 + \bar{n}_i(n-1)] = D_i [1 + \bar{n}_i(n-1)]$$

    b. Calculer l'ensemble de temps de réponse dans le système
    $$R_0(n) = \sum_{i=1}^{K} [V_i \times R_i(n)] = \sum_{i=1}^{K} R'_i(n)$$

    c. Calculer l'ensemble de débit du système
    $$X_0(n) = \frac{n}{R_0(n)}$$

    d. Calculer le débit dans chaque périphérique i
    $$X_i(n) = V_i \times X_0(n)$$

    e. Calculer le taux d'utilisation de chaque périphérique i
    $$U_i(n) = S_i \times X_i(n)$$

    f. Calculer le nombre moyen de clients dans chaque périphérique i
    $$\bar{n}_i(n) = X_0(n) \times R'_i(n)$$

Le paramètre d'entrée de base est le total des temps moyens de service qu'une requête HTTP passe dans le CPU et le disque. D'après la référence [D. Menascé et al., 1994], le temps de service dans le périphérique i est donné par l'expression suivante :

$$D_i = T / C \times U_{global}$$

Où D_i est le temps de service, T est la durée de l'observation, C est le nombre total des requêtes effectuées durant T, donné par Webstonee, et U_{global} est le taux d'utilisation du CPU relevé par l'outil **bsdsar**.

La Figure 1.18 montre les vitesses de connexion mesurées dans les expérimentations et calculées à partir du modèle de file d'attente, en utilisant la même charge de travail que lors des expérimentations précédentes. Les paramètres MaxClients, Somaxconn et Maxusers ont été fixés à leur valeur optimale respective.

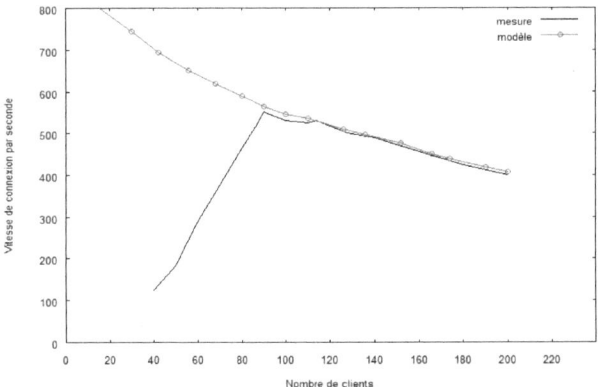

Figure 1. 18 *Performance du serveur : mesurée et prédite*

La qualité de la prédiction est raisonnablement bonne, notamment dans la deuxième partie des résultats, qui correspond au nombre de clients où le débit atteint le maximum. Dans la première partie de la courbe, le modèle n'a pas capturé le comportement du serveur Web. En effet, au dessous de 80 clients, le nombre de requêtes est plus bas que le nombre maximal que peut gérer le serveur. Le modèle de file d'attente fermé suppose que le nombre de clients actuel est maximal. Ainsi, au dessus de 80 clients, la vitesse de connexion prédite est très bonne.

Conclusion

Dans ce chapitre, on a présenté une analyse et une modélisation des performances d'un serveur Web. En utilisant l'outil de surveillance des ressources, **bsdsar** et l'outil de mesure des performances, Webstone, on a effectué une série d'expérimentations pour surveiller le comportement du serveur Web. Avec ces deux outils, il a été possible d'examiner le goulet d'étranglement du serveur. Il a été possible également d'étudier l'influence de quelques paramètres du système d'exploitation FreeBSD et le serveur Web, Apache sur les performances d'un serveur Web. On constate que les variations de ces paramètres affectent d'une façon non linéaire les métriques des performances d'un serveur web. Les caractéristiques non linéaires de la relation entre les paramètres d'optimisation et les métriques des performances nécessitent des mécanismes « intelligents », autonomes et adaptifs. L'apprentissage automatique permet en particulier de mettre en place des solutions souples et efficaces pour ce type de problème. Dans le chapitre suivant on propose des modèles connexionnistes pour l'estimation des métriques des performances d'un serveur web en fonction de quelques paramètres du système FreeBSD, de Apache et le trafic d'arrivée.

Chapitre 2

Modélisation neuronale des performances d'un serveur Web

La théorie de la file d'attente est la méthode la plus utilisée pour modéliser les performances d'un serveur Web. Cette méthode nécessite bon nombre d'hypothèses et de conditions imposées par les méthodes markoviennes. En effet, elle requiert entre autres, une connaissance au préalable de la loi des inters arrivés ainsi que celle de service. Le temps de service peut être amélioré en modifiant les paramètres d'optimisation de Apache et du système d'exploitation FreeBSD. Pour pouvoir utiliser la théorie de la file d'attente en tenant compte les valeurs de ces paramètres d'optimisation, il faut qu'on cherche une expression analytique qui détermine la relation entre le temps de service et les paramètres d'optimisation. Cette tâche s'avère difficile et presque impossible du fait de la corrélation qui existe entre d'une part les matériels, le trafic d'arrivée des requêtes, la distribution des tailles de documents et d'autre part les valeurs des paramètres d'optimisation et le temps de service.

C'est pourquoi dans ce chapitre, on propose une méthode basée sur le réseau de neurones (RNs) pour modéliser les performances du serveur Web. En effet, le système est considéré comme une boîte noire avec des entrées et des sorties. Trois modèles de réseau de neurones perceptron multicouches seront entraînés pour prédire respectivement le temps moyen de réponse, le pourcentage de rejet et le débit du serveur Web en fonction des paramètres d'optimisation de FreeBSD, du serveur Apache et le trafic d'arrivée λ en utilisant l'algorithme de rétropropagation du gradient. La méthode d'apprentissage supervisé sera utilisée et les modèles seront validés en utilisant la validation croisée.

2.1 Réseaux de neurones

2.1.1 Le modèle de perceptron multicouche

Dans le modèle de perceptron multicouche, les neurones sont disposés en couches successives. Dans le cas considéré on n'étudiera que les réseaux à 3 couches, Figure 2.1 :

- Une couche d'entrée représentant les diverses impulsions électriques que reçoit le réseau,
- Une couche cachée qui définit l'ensemble des neurones intermédiaires,
- La couche de sortie qui définit la réponse des neurones par rapport aux impulsions d'entrée.

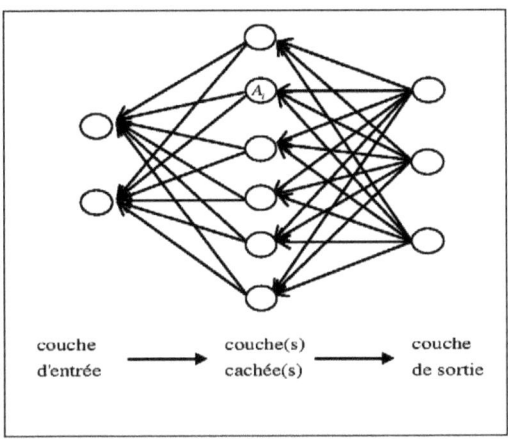

Figure 2. 1 *Modèle de perceptron multicouche*

Il est à faire remarquer que dans ce modèle, chaque neurone d'une couche ne peut être relié qu'à des neurones de la couche voisine.

2.1.2 Utilisation du réseau de neurones.

Un réseau de neurones est utilisé pour diverses applications comme la reconnaissance de formes, le traitement du signal, le traitement de la vision et de la parole, la robotique, l'approximation de fonction et bien d'autres choses encore...

Le principal algorithme utilisant un perceptron multicouche a été mis en place en 1985. Il s'agit de l'algorithme de rétropropagation du gradient qu'on a maintenant présenté.

L'algorithme de rétropropagation du gradient consiste à déterminer l'erreur commise par chaque neurone puis à modifier la valeur des poids pour minimiser cette erreur.

Il faut effectuer des rétropropagations jusqu'à ce que l'erreur quadratique moyenne devienne inférieure à un certain seuil.

L'erreur quadratique est définie comme la somme sur les sorties des carrés des différences entre l'entrée obtenue et l'entrée désirée soit $E = \sum_i (S_i - Y_i)^2$

Le réseau est représenté par 3 couches de neurones, chaque neurone d'une couche étant relié

à tous les neurones de la couche suivante par une liaison pondérée.

Chaque neurone intègre les données grâce à une fonction non linéaire qui permet l'apprentissage de classes non linéairement séparables. On utilise ici la fonction sigmoïde suivante:

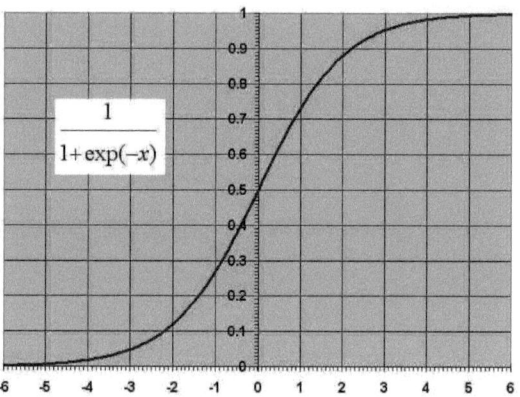

Figure 2.2 *Fonction sigmoïde*

$$S(x) = \frac{1}{1+e^{-x}}, \quad ds(x) = s(x)(1-s(x))$$

On effectue tout d'abord une propagation de l'entrée à travers le réseau afin de déterminer l'erreur commise par chaque neurone de sortie, puis l'algorithme consiste à rétropropager cette erreur depuis les sorties jusqu'à l'entrée.

Pour cela il faut modifier les poids du réseau afin d'obtenir la sortie désirée.

Considérons le vecteur de sortie S obtenu après la propagation de l'entrée X à travers le réseau, et Y le vecteur des sorties que l'on aurait voulu obtenir.

Pour la couche de sortie, considérons le neurone i. On obtient donc l'erreur pour ce neurone:

$S[i] = Y[i]$.

On appelle p la taille de la couche cachée. Le neurone i a alors reçu les p sorties des neurones de la couche cachée modulée de leur poids respectif. Ce sont ces poids qu'on doit modifier. Pour relativiser l'importance d'un poids par rapport à un autre dans l'erreur totale il convient de moduler sa modification par la sortie du neurone auquel il est rattaché. Il faut maintenant utiliser le gradient de l'erreur afin de pouvoir à terme faire converger la valeur du poids.

On obtient alors la formule suivante :

La règle de modification des poids pour l'exemple k :

$$W_{ij}(k) = W_{ij}(k-1) - pas \times D_i \times O_j \times ds(I_i)$$

$D_i = (S_i - Y_i)$ pour la couche de sortie

Avec :

Wij : le poids entre le neurone i d'une couche et le neurone j de la couche précédente *pas* : pas de l'apprentissage

Oj : sortie du neurone j

Ii : entrée du neurone i: $I_i = \sum_j W_{ij}.O_j$

Si : sortie obtenue

Yi : sortie désirée

ds : fonction sigmoïde dérivée

Pour la couche cachée, déterminer l'erreur commise par chaque neurone n'est pas instantané puisque l'on ne dispose pas de la valeur théorique qu'il devrait y avoir. La méthode consiste à remarquer que l'erreur commise par un neurone de la couche cachée est la somme des erreurs des neurones de la couche de sortie modulé par les poids respectifs des liaisons entre les deux couches. Ainsi l'erreur pour le neurone i de la couche cachée devient : $\sum_h W_{hi}.(S[h] - Y[h])$

h appartenant à la couche de sortie.

On obtient alors la formule de modification des poids suivante :

$$W_{ij}(k) = W_{ij}(k-1) - pas \times D_i \times O_j \times ds(I_i)$$

$D_i = \sum_h D_h.W_{hi}$ pour la couche cachée avec :

Wij : le poids entre le neurone i d'une couche et le neurone j de la couche précédente

pas : pas de l'apprentissage

Oj : sortie du neurone j

Ii : entrée du neurone i: $I_i = \sum_j W_{ij}.O_j$

Si : sortie obtenue

Yi : sortie désirée

ds : fonction sigmoïde dérivée

2.1.3 Limites des réseaux de neurones

Les performances du réseau de neurones sont souvent liées à son architecture. Or, le choix de l'architecture est aussi un problème difficile à résoudre. On ne peut pas choisir au hasard le nombre de neurones de la couche d'entrée ou de la couche intermédiaire. Seule l'expérience permet de répondre à cette question car il n'y a pas de théorie dans ce domaine.

Avec un nombre limité de neurones, le réseau ne sera pas performant lors de l'apprentissage. Tandis qu'avec un nombre trop important de neurones, il sera difficile à entraîner. On juge la performance d'un réseau par sa capacité à généraliser les résultats et non pas par sa capacité à mémoriser les résultats. C'est pour cela qu'il n'est pas toujours profitable d'utiliser un réseau avec un nombre élevé de neurones.

Mais le choix de l'architecture n'est pas le seul problème qui se pose. La méthode d'apprentissage doit également être choisie de façon judicieuse. On parle alors de la pédagogie d'apprentissage et c'est bien souvent un facteur déterminant pour le bon fonctionnement du réseau. Faut-il faire apprendre au réseau les différentes classes les unes après les autres ? Ou au contraire faut-il alterner aléatoirement l'apprentissage d'un exemple d'une classe puis un exemple d'une autre classe ? Ici se pose un problème crucial de méthode.

Enfin, il ne faut pas non plus que le réseau apprenne trop d'exemples si l'on ne veut pas aboutir au phénomène de "sur-apprentissage". En effet, si l'on propose trop d'exemples à apprendre au réseau, ses performances commencent à baisser et le réseau devient de moins en moins efficace.

2.1.4 Apprentissage supervisé

L'apprentissage supervisé est une technique d'apprentissage automatique permettant de produire automatiquement des règles à partir d'une base de données d'apprentissage contenant des exemples de cas déjà traités.

Plus précisément, la base de données d'apprentissage est un ensemble de couples entrée-sortie $(x_n, y_n)_{1 \leq n \leq N}$ avec $x_n \in X$ et $y_n \in Y$, que l'on considère être tirées selon une loi sur $X \times Y$ inconnue, par exemple x_n suit une loi uniforme et $y_n = f(x_n) + w_n$ où w_n est un bruit centré.

L'objectif de la méthode d'apprentissage supervisé est alors d'utiliser cette base d'apprentissage afin de déterminer une représentation compacte de f noté g et appelée *fonction de prédiction*, qui à une nouvelle entrée x associe une sortie $g(x)$. Le but d'un algorithme d'apprentissage supervisé est donc de généraliser pour des entrées inconnues ce qu'il a pu « apprendre » grâce aux données déjà traitées par des experts, ceci de façon « raisonnable ».

On distingue généralement deux types de problèmes que l'on cherche à résoudre avec une méthode d'apprentissage automatique supervisée :

- $Y \subset \mathbb{R}$: Lorsque la sortie que l'on cherche à associer à une entrée est une valeur dans un ensemble continu de réels, on parle d'un problème de régression.
- $Y = \{1, \ldots, I\}$: Lorsque l'ensemble des valeurs de sortie est de cardinal fini, on parle d'un problème de classification, car le but est en fait d'attribuer une étiquette à une entrée donnée.

2.1.5 Validation croisée

La validation croisée est une méthode d'évaluation de l'erreur de généralisation d'un modèle d'apprentissage. Le principe est une extension de la validation simple qui consiste à estimer l'erreur empirique sur une seconde base d'exemples (différente de la base d'apprentissage). En vertu de la loi des grands nombres, l'erreur empirique sur la base de validation est un estimateur non biaisé de l'erreur de généralisation. L'inconvénient majeur de la validation simple réside dans le fait que le résultat est fortement dépendant du choix des exemples choisis pour l'apprentissage et pour la validation.

La validation croisée de type *leave-k-out* (ou *K-fold cross-validation*) consiste à diviser une base d'exemples B en K bases $\{B_i\}_{i=1\ldots K}$ disjointes de tailles identiques v et à évaluer l'erreur de généralisation en considérant toutes les combinaisons possibles du choix de la base de validations parmi les $\{B_i\}_i$. Lorsque l'on choisit, autant de sous-ensembles qu'on dispose d'exemples (c'est-à-dire la taille des B_i est réduite à un seul élément, $v = 1$), on parle de validation croisée *leave-one-out*.

Pour une combinaison donnée, on choisit un des B_i comme base de validation, et à utiliser les $K-1$ autres sous-bases pour l'apprentissage. On effectue donc K réplications de l'apprentissage et on estime l'erreur de généralisation par la moyenne des erreurs empiriques sur leurs bases de validation :

$$\hat{R} = \frac{1}{n} \sum_{k=1}^{K} \sum_{(x,y) \in B_k} e(y, \hat{y}(x, w_k)) \qquad (2.1)$$

où $\hat{y}(x, w_k)$ représente l'estimation pour l'entrée x du k-ième réseau de neurones dont l'apprentissage a été effectué sur les exemples de B/B_k. On peut d'ailleurs généraliser ce principe en considérant p sous-ensembles au lieu d'un seul pour constituer la base de validation. On effectue autant de réplications de l'apprentissage qu'il y a de façon de choisir p éléments parmi n, soit c_v^n réplications.

La validation croisée réduit la dépendance de la méthode de la simple validation par rapport au choix de la base de validation en effectuant une moyenne sur K bases différentes. La méthode demande toutefois l'apprentissage de K modèles différents, ce qui peut être relativement coûteux lorsque K est trop grand. À l'inverse, si K est petit, alors v devient grand, ce qui peut être rédhibitoire lorsque l'on dispose de peu d'exemples (en effet l'apprentissage est privé des v d'exemples de la base de validation). Le choix de K (ou de v) est donc un compromis entre le temps de calcul et la quantité de données disponible pour l'apprentissage.

Ces méthodes sont d'abord des méthodes de validation pour quantifier la qualité d'un modèle, mais elles peuvent être utilisées dans un processus de sélection de modèle, à l'image du principe de minimisation du risque structurel.

2.1.6 Les Outils d'apprentissage

Il existe différents outils d'apprentissage de réseau de neurones, Netlab, Matlab, SNNS (Stuttgart Neural Network Simulator) et bien d'autres encore. Dans le cadre de l'étude, on a utilisé SNNS (ver 4.2). SNNS est un logiciel simulateur pour le réseau de neurones destiné pour les stations Unix, et a été développé par l'Université de Stuttgart. Le but du projet SNNS est de créer un environnement efficace et flexible pour les chercheurs dans le domaine de réseau de neurones. Le SNNS est constitué de deux composantes :

- Le noyau du simulateur écrit en C,
- Interface utilisateur graphique sous X11.

Le noyau du simulateur opère sur les structures de données internes du réseau de neurones, et effectue toutes les opérations d'apprentissage. SNNS peut être élargi par l'utilisateur pour définir les fonctions d'activation, les fonctions d'entrée, les fonctions d'apprentissage qui sont écrites en langage C, et par la suite liées au noyau du simulateur. SNNS peut générer de code C à partir du réseau appris.

L'interface utilisateur graphique XGUI, construite au dessus du noyau donne une représentation graphique en 2D et 3D du réseau de neurones, et contrôle le noyau durant l'exécution de la simulation. L'interface utilisateur en 2D possède un éditeur de réseau intégré qui peut être utilisé pour créer directement, manipuler et visualiser le réseau de neurones de différente façon. Dans le cadre de ce travail, on a profité d'une possibilité offerte par SNNS : c'est de pouvoir écrire un script pour automatiser la recherche des topologies et des paramètres optimaux du réseau de neurones en utilisant « batchman ».

2.1.7 Algorithme d'apprentissage RPROP

Cette section décrit le fonctionnement de l'algorithme RPROP pour « Resilient Backpropagation ». La particularité du RPROP réside dans le fait que seulement le signe de la dérivée est pris en compte pour permettre l'ajustement des poids. Cet algorithme permet une convergence plus rapide, comparativement à la rétropropagation classique ([Riedmiller M. et H. Braun. 1992] et [Riedmiller M. et H. Braun. 1993]). Son fonctionnement peut se définir ainsi : il commence par une petite valeur d'ajustement et, ensuite, il augmente cette valeur si le gradient actuel a la même direction (signe) que le gradient précédent. Toutefois, si la direction est opposée, il diminue la valeur. Cette mise à jour est ajoutée au poids, si le gradient est positif, et est soustraite du poids, s'il est négatif. Une autre caractéristique du RPROP est que l'apprentissage est effectué par lots.

L'apprentissage du perceptron multicouche selon l'algorithme RPROP ([Riedmiller M. et H. Braun. 1992] et [Riedmiller M. et H. Braun. 1993]) se déroule ainsi :

1. Les poids w_{ij} sont initialisés de manière aléatoire,

2. L'ensemble des exemples est soumis au système,

3. La valeur de l'erreur est calculée et les paramètres w_{ij} sont modifiés :

$$w_{ij}(t+1) = \begin{cases} w_{ij}(t) - \Delta_{ij}(t) \text{ si la dérivée de l'erreur par rapport à } w_{ij} \text{ est positive} \\ w_{ij}(t) + \Delta_{ij}(t) \text{ sinon} \end{cases} \quad (2.2)$$

où Δ_{ij} est la valeur de l'incrément des poids.

4. Les incréments Δ_{ij} sont recalculés.

$$\Delta_{ij}(t+1) = \begin{cases} c_1 \Delta_{ij}(t) \text{ si la dérivée n'a pas changé de signe aucours des 2 itérations precédentes.} \\ c_2 \Delta_{ij}(t) \text{ sinon.} \end{cases} \quad (2.3)$$

En pratique, on doit avoir $0 < c_2 < 1 < c_1$.

Lors de l'apprentissage, il est important de s'assurer d'une capacité de généralisation la plus élevée possible. Une technique utilisée pour améliorer la généralisation est d'ajouter à la fonction d'erreur une pénalité aux poids élevés.

La fonction d'erreur :

$$E = \sum_{t=1}^{k} (D_t - s_t)^2$$

devient par conséquent,

$$E = \sum_{t=1}^{k} (D_t - s_t)^2 + \frac{\sum w_{ij}}{10^\alpha} \quad (2.4)$$

Où α représente une constante correspondant au *taux de déclin*. En ajustant la valeur de α, on améliore considérablement le pouvoir de généralisation ([Krogh and Hertz, 1992]).

2.2 Obtention des données de l'apprentissage

La Figure 2.3 illustre la configuration expérimentale utilisée pour obtenir les données de l'apprentissage.

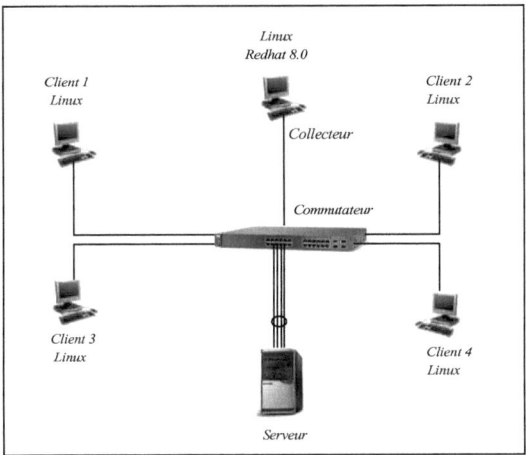

Figure 2. 3 *Configuration expérimentale*

Le Tableau 2.1 donne la liste des matériels et logiciels utilisés pendant les expérimentations. De séries d'expérimentations ont été effectuées pour collecter les métriques des performances du serveur Web en fonction des trois paramètres MaxClients, Somaxconn et Maxusers. L'outil de mesure de performance du serveur Web, HTTPerf a été choisi comme logiciel benchmark. Ce choix est justifié par le fait que HTTPerf permet de générer des requêtes suivant le processus de Poisson. Par ailleurs, il permet également de reproduire les requêtes enregistrées dans le fichier de log d'un serveur Web. Cela permet d'avoir une distribution de taille des divers documents plus proche de la réalité.

	Serveur	Clients	Collecteur d'information
CPU	Pentium III 800 Mhz	Pentium IV 2,4 GHz	Celeron 1,2 GHz
Mémoire	512 Mo	128 Mo	128 Mo
Système d'Exploitation	FreeBSD	Linux	Linux
Logiciels	Apache	Autobenchd HTTPerf	Autobench_admin

Tableau 2. 1 *Liste des matériels et logiciels utilisés*

La distribution de la taille des documents utilisée est la distribution de Pareto. En effet, d'après [F. Hernandez-Campos et al., 2003], [Martin F. et Carey L.,1996], [W. Gong et al.,2001], [X. Zhu et al., 2001], cette distribution approxime correctement la taille des documents observés sur de gros serveurs. Les paramètres sont typiquement définis sur la plage $0<\alpha<2$ avec $\beta=100$. Pour trouver la répartition des tailles, x, de document pour une valeur de α donnée, on utilise la fonction de répartition de la distribution de Pareto :

$$F(x) = 1 - (\beta/x)^\alpha \text{ pour } x \geq \beta \tag{2.5}$$

La taille maximale d'un document s'obtient à partir de la fonction quantile de la distribution Pareto pour une valeur de p=0,99 :

$$F^{-1}(p) = \beta/(1-p)^{1/x} \text{ pour } 0 \prec p \prec 1 \tag{2.6}$$

Dans les expérimentations, on a effectué des mesures à partir de documents dont la distribution suit celle de Pareto de paramètres $\alpha=0,3$ et $\beta=100$ octets.

Pour faciliter la synchronisation et la collecte des résultats, on a utilisé *Autobench*. C'est un outil d'évaluation des performances d'architecture Client-Serveur, il est constitué d'un serveur *Autobenchd* pour chaque client et d'un client *Autobench_admin* jouant le rôle de synchronisateur et de collecteur des résultats. Autobench_admin peut collecter des résultats provenant de différents clients. Lorsqu'il reçoit un ordre de lancement de autobench_admin, chaque autobenchd lance un processus HTTPerf permettant de créer un stress au serveur HTTP pendant un délai de temps donné. Le fichier de configuration de Autobench_admin permet de lui indiquer la distribution de la taille des documents, le trafic d'arrivée initial, le pas et le trafic d'arrivée final souhaités pour les mesures. La Figure 2.4 montre la structure de l'outil Autobench.

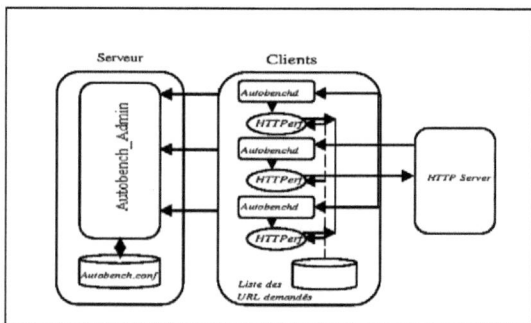

Figure 2. 4 *Structure de l'outil autobench*

On a utilisé Autobench_admin pour lancer les tests des performances. Autobench_admin permet de lancer l'outil de génération de trafic HTTPerf sur les 4 machines Linux Mandrake qui à leur tour émettent des requêtes suivant un processus de Poisson de paramètre λ. On a fait varier λ de 20 à 520 avec un pas de 20. Pour chaque valeur de λ, Autobench_admin récupère les métriques des performances, le temps moyen de réponse, le débit et probabilité du rejet après 5 minutes de test. Ceci a permis d'avoir une base d'apprentissage constituée de 5616 exemples.

On a lancé la commande suivante pour démarrer les tests :

```
#autobench_admin    --single_host    --host1   172.16.1.134    --clients
172.16.1.12:4600,172.16.1.13:4600,172.16.1.16:4600,172.16.1.17:4600
--file file3m_60.60.60
```

Comme résultat du test, on s'intéresse plus particulièrement au nombre de connexions reçues par le serveur, au temps de réponse et aux erreurs enregistrées lors des tests.

2.3 Méthodologie d'apprentissage

Cette section décrit la méthodologie utilisée pour trouver l'architecture optimale des modèles de réseaux de neurones estimant les métriques des performances du serveur Web. Les données des exemples (patterns) utilisées sont celles obtenues dans la section précédente.

2.3.1 Le modèle de réseau de neurones

L'architecture du modèle est le perceptron multicouche (MLP) à trois couches présentées dans le chapitre 1. On a choisi des modèles qui sont relativement petits et simples. Différents essais ont été effectués pour déterminer empiriquement le nombre de neurones de la couche cachée. Pour éviter l'apprentissage par cœur, on s'efforcera de ne pas surdimensionner le réseau de neurones. On a utilisé un simulateur de réseaux de neurones, SNNS, pour modéliser le réseau de neurones. Le nombre de neurones de la couche cachée est déterminé empiriquement en effectuant plusieurs essais. La normalisation des vecteurs d'entrée a été effectuée en appliquant une simple normalisation basée sur min-max.

$$z' = \frac{(z - \min)}{(\max - \min)} * (\max' - \min') + \min' \quad (2.6)$$

Où z' représente la valeur normalisée de la donnée z, min' et max' représentent respectivement les valeurs minimale et maximale de l'intervalle désiré, et min et max sont les valeurs minimale et maximale des données réelles.

Pour évaluer l'erreur de généralisation, on utilise une méthode de validation croisée de type *leave-k-out*: la base d'exemples est divisée en 10 parties de taille égale. On utilise ensuite 8 parties pour l'apprentissage et 2 parties pour la validation du modèle d'estimation. Ainsi, 80% de la base d'exemples sont utilisés pour l'apprentissage, et 20% pour valider le modèle. On effectue autant d'apprentissages qu'il y a de combinaisons possibles pour le choix des parties de la base d'apprentissage : dans le cas considéré, on calcule donc $C_{10}^8 = 45$ apprentissages indépendants pour évaluer l'erreur de généralisation. Les performances des modèles ont été estimées en utilisant le NMSE (Normalized Mean Square Error) des données normalisées. Le NMSE est défini comme étant le rapport entre le MSE (Mean Square Error) et la variance des données de l'apprentissage. Les données ont été constituées de 4492 exemples pour l'apprentissage et 1124 exemples pour la validation.

2.3.2 L'apprentissage

L'apprentissage des trois modèles de réseau de neurones pour respectivement le débit, le temps moyen de réponse et le taux de rejet du serveur Web sont de type RPROP (Resilient Back Propagation). Le choix de RPROP repose sur le fait que l'algorithme est très rapide et donne un minimum global par rapport à l'algorithme de rétropropagation ordinaire. Le processus d'apprentissage consiste à ajuster graduellement le poids des connexions, en vue d'atteindre un score optimal. De nombreux paramètres sont nécessaires pour l'apprentissage des trois modèles. Pour déterminer les paramètres optimaux, des tests ont été effectués en utilisant le script « batchman » fourni avec le SNNS.

2.4 Résultats des apprentissages

Dans cette section, on présente les résultats des simulations effectuées avec l'outil SNNS comme suit :

Simulation 1 : Apprentissage du débit du serveur Web,

Simulation 2 : Apprentissage du temps moyen de réponse du serveur Web,

Simulation 3 : Apprentissage du taux de rejet du serveur Web.

2.4.1 Apprentissage du débit du serveur Web

Le vecteur d'entrée est constitué de deux paramètres du Noyau du système d'exploitation FreeBSD (kern.maxuser, kern.ipc.somaxconn), en particulier Apache (Maxclients) et du trafic d'arrivée λ. Pour simplifier la notation kern.maxuser, kern.ipc.somaxconn et Maxclients seront notés respectivement par p_1, p_2 et p_3. On n'a qu'une seule sortie, le débit D du serveur Web. Il s'agit donc d'apprendre la relation : $(\lambda, p_1, p_2, p_3) \rightarrow D$

Une seule couche cachée compose le modèle. Le nombre de neurones composant la couche cachée a été déterminé par tâtonnement. On a construit cinq architectures différentes composées de 4 neurones d'entrée, d'un neurone de sortie et d'un nombre varié de neurones cachés : 2, 4, 8, 16 et 32.

Architecture	NMSE (moyen)
4/2/1	$5,1416.10^{-1}$
4/4/1	$5,3184.10^{-3}$
4/8/1	$2,9372.10^{-4}$
4/16/1	$3,0093.10^{-4}$
4/32/1	$3,017.10^{-4}$

Tableau 2.2 *Architecture du modèle pour le débit du serveur Web*

Le Tableau 2.2 résume les résultats de l'apprentissage du débit du serveur Web pour des MLP avec 2, 4, 8, 16 et 32 neurones cachés. La première colonne donne le nombre de paramètres de l'architecture du MLP. La seconde colonne fournit l'estimation de la moyenne de la NMSE, mesurée sur les 45 apprentissages indépendants de la validation croisée.

Pour les modèles à 2, 4 et 8 neurones cachés, on constate que, plus la taille du MLP augmente, plus il est de plus en plus précis dans ses évaluations. Ce qui est parfaitement logique pour les modèles à 8, 16 et 32 neurones cachés, le débit du serveur Web est parfaitement estimé (NMSE sur des exemples inconnus de l'orde de 10^{-4}). A cause de sa taille et de sa meilleure qualité d'apprentissage, le modèle 4/8/1 a été retenu par la suite.

L'architecture finale est composée donc d'une couche d'entrée de 4 neurones, une couche cachée de 8 neurones et une couche de sortie de 1 neurone (Figure 2.5).

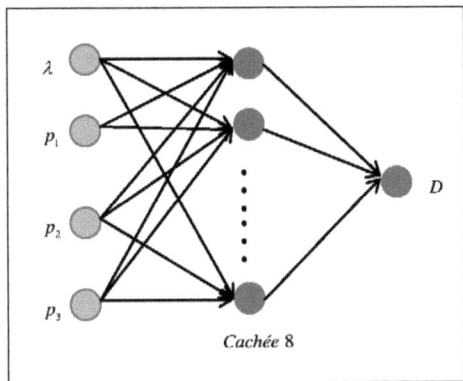

Figure 2. 5 *Architecture du modèle pour le débit du serveur Web*

On a utilisé l'algorithme de rétropropagation résiliente RPROP pour l'apprentissage en utilisant les trois paramètres d'apprentissage suivants :

1. Δ_{ij} est la valeur d'incrément du poids w_{ij}. Cette mise à jour sera négative ou positive selon le sens de la dérivée de l'erreur. La valeur initiale de ce paramètre n'influence pas pratiquement l'apprentissage, car sa valeur s'adapte durant le processus d'apprentissage.

2. Δ_{max} est la valeur maximale atteignable par les valeurs de mise à jour. Cette limite est importante pour empêcher les valeurs de mise à jour d'atteindre de trop fortes valeurs.

3. α est la constante correspondant au taux de déclin de la pénalité ajoutée à l'erreur. Cette constante correspond à l'influence de la taille des poids sur la fonction d'erreur.

Les paramètres optimaux pour le modèle sont donc :

Après différents tests effectués en faisant varier le paramètre Δ_{ij} de 0.1, 1.0 et 2, on a constaté qu'une modification de cette valeur n'est pas critique. On l'a donc mise à une valeur intermédiaire égale à 1.0.

La valeur maximale atteignable pour la mise à jour Δ_{max} n'influence pas considérablement la généralisation du modèle. On l'a donc fixée à la valeur par défaut dans SNNS, c'est-à-dire à 50.

Pour la valeur de α, des tests de 5, 10, jusqu'à 50 avec un pas de 5 ont été effectués. Pour α égal à 5.0 ou 10.0, la capacité de généralisation du modèle est élevée. Il est intéressant de noter que pour des valeurs extrêmes, telle que α =50, l'influence de cette pénalisation des poids devient néfaste au modèle.

Les paramètres optimaux pour le modèle d'apprentissage du débit du serveur Web sont donc les suivants :

1. Algorithme d'apprentissage : RPROP :

Δ_{ij} = 1.0.

Δ_{max} = 50.0.

$\alpha = 5.0$

2. La fonction d'initialisation des poids est du type aléatoire dans l'intervalle de [–1, 1]

3. La fonction de mise à jour de l'activation des neurones est déterminée selon un ordre topologique, c'est-à-dire qu'elle suit la topologie du réseau (la première couche de neurones traitée est la couche d'entrée, la seconde est celle qui est cachée, tandis que la dernière est la couche de sortie).

4. Le nombre de neurones cachés est égal à 8.

2.4.2 Apprentissage du temps moyen de réponse du serveur Web

L'apprentissage du temps moyen de réponse du serveur Web consiste à apprendre la relation $(\lambda, p_1, p_2, p_3) \rightarrow R$. R représente le temps moyen de service estimé en fonction des paramètres d'entrée (λ, p_1, p_2, p_3). L'architecture du modèle est un MLP à 3 couches. Les méthodes utilisées pour trouver le nombre de neurones de la couche cachée, les paramètres optimaux de RPROP, ainsi que la capacité de généralisation lors de l'apprentissage du débit du serveur Web, ont été appliquées pour apprendre le temps moyen de réponse du serveur Web.

Le Tableau 2.3 montre les performances de chacune des cinq architectures testées correspondant au modèle.

Architecture	NMSE (moyen)
4/2/1	$4,4374.10^{-2}$
4/4/1	$8,7165.10^{-3}$
4/8/1	$8,1414.10^{-4}$
4/16/1	$6,8486.10^{-4}$
4/32/1	$7,313.10^{-4}$

Tableau 2. 3 *Architecture du modèle pour le temps moyen de réponse*

Le Tableau 2.3 illustre les résultats de l'apprentissage du temps moyen de réponse du serveur Web pour des MLP avec 2, 4, 8, 16 et 32 neurones cachés. Comme le Tableau 2.2 de la section précédente, la première colonne donne le nombre de paramètres de l'architecture du MLP, et la seconde colonne fournit l'estimation de la moyenne de la NMSE, mesurée sur les 45 apprentissages indépendants de la validation croisée.

Pour les modèles à 2, 4, 8 et 16 neurones cachés, on constate que, plus la taille du MLP augmente, plus il est de plus en plus précis dans ses estimations. Ce qui est parfaitement logique pour les modèles à 16 et 32 neurones cachés, les NMSE de ces deux modèles se rapprochent. En raison de sa taille et de sa meilleure qualité d'apprentissage par rapport au modèle à 32 neurones cachés, on a retenu le modèle 4/16/1.

L'architecture finale est composée donc d'une couche d'entrée de 4 neurones, une couche cachée de 16 neurones et une couche de sortie avec un seul neurone (Figure 2.6).

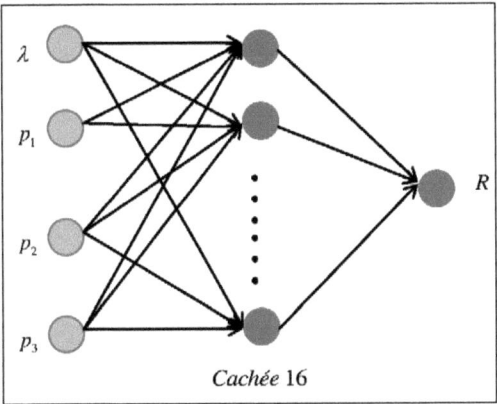

Figure 2. 6 *Architecture du modèle pour le temps moyen de réponse*

Les paramètres optimaux pour le modèle d'apprentissage du temps moyen de réponse du serveur Web sont par conséquent les suivants:

1. Algorithme d'apprentissage : RPROP

   $\Delta_{ij} = 1.0$.

   $\Delta_{max} = 50.0$.

   $\alpha = 10.0$

2. La fonction d'initialisation des poids est du type aléatoire dans l'intervalle de [−1, 1]

3. La fonction de mise à jour de l'activation des neurones est déterminée selon un ordre topologique, c'est-à-dire qu'elle suit la topologie du réseau (la première couche de neurones traitée est la couche d'entrée, la seconde est celle qui est cachée, tandis que la dernière est la couche de sortie).

4. Le nombre de neurones cachés est égal à 16.

2.4.3 Apprentissage du taux de rejet du serveur Web

L'apprentissage du taux de rejet du serveur Web consiste à apprendre la relation $(\lambda, p_1, p_2, p_3) \rightarrow T$. T représente le taux de rejet observé en fonction des paramètres d'entrées (λ, p_1, p_2, p_3).

L'architecture du modèle est un MLP à 3 couches. De même, les méthodes qui ont été utilisées pour trouver le nombre de neurones de la couche cachée, les paramètres optimaux de RPROP, ainsi que la capacité de généralisation lors de l'apprentissage du débit du serveur Web ont été appliquées pour apprendre le taux de rejet du serveur Web.

Architecture	NMSE (moyen)
4/2/1	$6,3.10^{-1}$
4/4/1	$2,8.10^{-3}$
4/8/1	$3,71.10^{-3}$
4/16/1	$3,61.10^{-3}$
4/32/1	$3,027.10^{-3}$

Tableau 2. 4 *Architecture du modèle pour le pourcentage de rejet*

Le Tableau 2.4 montre les résultats de l'apprentissage du taux de rejet du serveur Web pour des MLP avec 2, 4, 8, 16 et 32 neurones cachés. Comme pour les Tableau 2.2 et Tableau 2.3 des sections précédentes, la première colonne donne le nombre de paramètres de l'architecture du MLP, et la seconde colonne fournit l'estimation de la moyenne de la NMSE, mesurée sur les 45 apprentissages indépendants de la validation croisée.

Pour les modèles à 2 et 4 neurones cachés, on constate que, plus la taille du MLP augmente, plus le module est de plus en plus précis dans ses estimations. Pour les modèles à 8, 16 et 32 neurones cachés, les NMSE ont connu une légère augmentation par rapport au modèle à 4 neurones. C'est la raison pour laquelle on a retenu le modèle 4/4/1.

L'architecture finale est donc composée d'une couche d'entrée de 4 neurones, une couche cachée de 4 neurones et une couche de sortie avec un neurone (Figure 2.7).

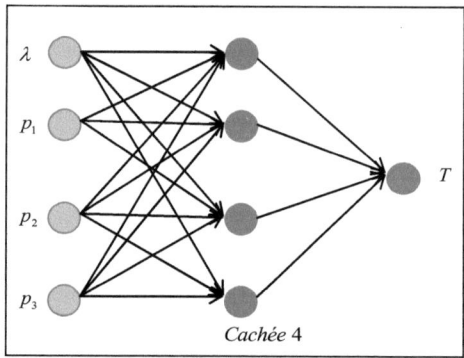

Figure 2. 7 *Architecture du modèle pour le pourcentage de rejet*

Les paramètres optimaux pour le modèle d'apprentissage du temps moyen de réponse du serveur Web sont donc les suivants:

1. Algorithme d'apprentissage : RPROP :

$\Delta_{ij} = 1.0$.

$\Delta_{max} = 50.0$.

$\alpha = 10.0$

2. La fonction d'initialisation des poids est du type aléatoire dans l'intervalle de $[-1, 1]$

3. La fonction de mise à jour de l'activation des neurones est déterminée selon un ordre topologique, c'est-à-dire qu'elle suit la topologie du réseau (la première couche de neurones traitée est la couche d'entrée, la seconde est celle qui est cachée, tandis que la dernière est la couche de sortie).

4. Le nombre de neurones cachés est égal à 4

Les performances des modèles de réseau de neurones ont été estimées en utilisant NMSE. NMSE est la moyenne de la NMSE obtenue par la validation croisée.

La prédiction du taux de rejet du serveur Web se dégrade légèrement par rapport aux prédictions du débit et du temps moyen du serveur Web. Les caractéristiques spécifiques des données qui représentent le taux de rejet du serveur web pourraient justifier les différences.

2.4.4 Récupération du réseau

Sous SNNS, il est possible de récupérer une fonction C qui donne la sortie des exemples qu'on lui présente, comme le ferait le réseau.

Pour cela, il suffit d'appeler depuis la ligne de commande : snns2c reseau.res . On obtient alors deux fichiers :

- `reseau.c` contenant la fonction `int reseau(float *in,float*out,int init)`
- `reseau.h` qu'il suffira d'inclure dans un programme.

La fonction reseau attend en entrée un tableau de flottants comportant l'ensemble des entrées, un tableau de flottants pour y ranger les sorties estimées, et un paramètre init qu'on peut fixer à zéro pour une utilisation normale.

Conclusion

Ce chapitre a présenté trois modèles à perceptron multicouches permettant de prédire les métriques des performances d'un serveur Web. Deux paramètres d'optimisation du noyau FreeBSD, un paramètre du serveur Apache et le trafic d'arrivée λ ont servi d'entrées aux RNs. Les sorties ont été le débit, le temps moyen de réponse et le pourcentage de rejet. Les méthodes d'apprentissage supervisé et la validation croisée ont été respectivement utilisées pour l'apprentissage et la validation des modèles. On constate que la capacité de généralisation des modèles sur des exemples non connus est très bonne. Dans le chapitre suivant, on présente une des applications possibles de l'apprentissage des performances d'un serveur web. Il s'agit de mettre en place un mécanisme de contrôle d'admission pour le serveur web. Trois stratégies de contrôle seront proposées. La première stratégie de contrôle est basée sur le réseau de neurones (RNs) et utilise le modèle du système à boucle ouverte. La deuxième stratégie de contrôle utilise le modèle du système à boucle fermée et repose sur un correcteur à actions Proportionnelle et Intégrale (PI). La troisième et dernière stratégie de contrôle combine les deux stratégies de contrôle, RNs et PI.

Chapitre 3
Contrôle du serveur Web

Malgré la popularité croissante du Web, de nombreux internautes se plaignent du temps de réponse anormalement élevé observé sur certains sites en période de pointe. C'est pourquoi, il est important de développer une stratégie permettant d'améliorer les performances du serveur Web. Une des stratégies permettant d'améliorer les performances d'un serveur web consiste à optimiser certains de ses paramètres. Choisir leur valeur optimale n'est pas une tâche facile. En effet, leur valeur optimale dépend de la configuration matérielle, de la charge de service demandé, etc.

Comme la charge de service demandé est variable dans le temps, il est préférable de mettre en place une stratégie de contrôle permettant de réguler la valeur d'une métrique des performances de Apache. A cet effet, l'entrée de contrôle et la sortie du système doivent être sélectionnées. Un paramètre d'optimisation de Apache peut être l'entrée de contrôle, tandis qu'une métrique des performances du serveur est un candidat idéal pour la sortie du système.

En général, il existe deux catégories de stratégie de contrôle : la stratégie de contrôle à boucle ouverte et la stratégie de contrôle à boucle fermée.

Dans ce chapitre, trois stratégies de contrôle seront proposées. La première stratégie de contrôle est basée sur le réseau de neurones (RNs) et utilise le modèle du système à boucle ouverte. La deuxième stratégie de contrôle utilise le modèle du système à boucle fermée et repose sur un correcteur à actions Proportionnelle et Intégrale (PI). La troisième et dernière stratégie de contrôle combine les deux stratégies de contrôle, RNs et PI.

Pour ces trois stratégies de contrôle, le paramètre d'optimisation de Apache, MaxClients et la métrique des performances, temps moyen de réponse ont été respectivement choisis comme l'entrée de contrôle et la sortie du système.

Au terme du chapitre, une évaluation des performances de ces trois stratégies sera effectuée et montrera que la stratégie qui combine RNs et PI offre une performance meilleure par rapport aux deux autres, RNs ou PI tout seul.

3.1 Contrôle basé sur le réseau de neurones (RNs)

Bien que le contrôle à boucle fermée soit le plus utilisé, son utilisation requiert, en particulier la possibilité de mesurer en ligne la sortie du système et une conception soigneuse pour assurer les propriétés du système que l'on veut avoir, notamment la stabilité, la précision, un temps de montée court, et un petit dépassement.

Une alternative est d'utiliser une stratégie de contrôle basée sur le contrôle à boucle ouverte.

C'est une technique que l'on peut utiliser pour éviter la nécessité de mesurer la sortie du système pour ajuster l'entrée de contrôle. Une stratégie de contrôle à boucle ouverte utilise la référence d'entrée pour déterminer l'entrée de contrôle dont on a besoin pour obtenir la sortie désirée, la mesure de la sortie n'étant pas nécessaire.

La Figure 3.1 illustre la structure du système de contrôle de Apache basé sur le réseau de neurones, en utilisant une stratégie de contrôle à boucle ouverte. Le mécanisme de contrôle utilise le paramètre

`MaxClients` de Apache pour déterminer le temps de réponse désiré à l'aide du réseau de neurones obtenu du chapitre précédent. Cependant, comme le taux d'arrivée et le temps de service sont aléatoires, `MaxClients` devrait être ajusté pour conserver le temps de réponse désiré.

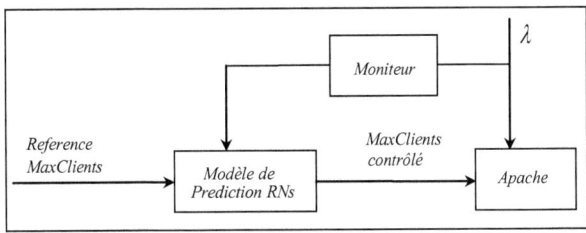

Figure 3.1 *Architecture générale du mécanisme de contrôle d'admission*

3.1.1 Le module Moniteur

A chaque intervalle de temps k, le moniteur est lancé pour estimer la moyenne du taux d'arrivée des requêtes λ(k) durant l'intervalle de temps précédent (k-1). Ce dernier sera ensuite utilisé par le modèle de prédiction RNs pour estimer la valeur du paramètre MaxClients qui permet de maintenir le temps moyen de réponse plus proche de la valeur désirée.

Pour que le moniteur puisse effectuer sa tâche, on a créé les deux sous-modules suivants :

1. Intercepteur de requêtes ;
2. Générateur de jetons.

3.1.1.1 Intercepteur de requêtes

L'intercepteur de requêtes constitue l'interface entre l'utilisateur et Apache. Toutes les requêtes des clients doivent préalablement passer par ce module avant d'attaquer Apache.

Ce module fonctionne comme un serveur web concourant en mode connecté.

Il est alors constitué de deux sous-modules : Maître et esclave. Il effectue une boucle de répétition qui accepte les requêtes entrantes sur son port d'écoute. Les requêtes acceptées seront relayées vers Apache. Pour ce faire, le module utilise le système de sélection select sur les sockets clients et Apache. Il utilise deux sockets bidirectionnels : un socket pour communiquer avec le client et un autre pour Apache.

Le sous-module Maître

1. Création de socket pour le client
2. Ecoute sur le port 80
3. Boucle d'itération
- Acceptation d'une connexion
- Consommation de jeton

Le sous-module Maître est composé de 2 fonctions : `Init_Socket_Client()` et `Accepter_connexion()`.

La fonction `Init_Socket_Client()`

Dans cette fonction, on trouve les initialisations des variables, la création de sockets par l'appel système `socket()`, enregistrement de l'adresse auprès du système par l'appel système `bind()`, et enfin l'écoute sur le port 80 par `listen()`.

Une portion de code de la fonction est présentée ci-après :

```
if ((sock = socket(AF_INET, SOCK_STREAM,0))<0)
    {
         perror("Cant create socket");
         exit(0);
    }
    if   (setsockopt(sock,   SOL_SOCKET,   SO_REUSEADDR,   &n, sizeof(n))<0)
         perror("setsockopt");
    bzero(&sockad,sizeof(sockad));
    sockad.sin_port = htons (atoi(argv[1]));
      sockad.sin_family = AF_INET;
      sockad.sin_addr.s_addr = INADDR_ANY;
    if ((bind(sock, (struct sockaddr *)&sockad,sizeof(sockad)))<0)
    {
         perror("Binding error");
         exit(0);
    }
```

La fonction `Accepter_connexion()`

Son rôle principal est d'accepter une connexion. S'il y a des jetons disponibles, il crée un autre thread appelé «`traiter_client`». Sinon, il n'autorise pas la connexion.

Un extrait de code de la fonction est présenté ci-après :

```
for(;;)
{
if((*socket_client=accept(sock,(struct.sockaddr*)&partner,&clilen))<0)
        {
             perror("ERROR ACCEPT");
```

```
            }
    /* Consommation de jeton*/


                jeton--;
            /*creation de thread pour traiter la requête*/
                pthread_create(&tid,NULL,&traiter_client,socket_client);
                pthread_detach(tid);
}
```

Le sous-module Thread esclave

1. Création d'un autre socket pour Apache
2. Connexion à Apache au port 1328
3. Multiplexage des descripteurs de sockets
4. Boucle d'itération :
- Si le socket client est lisible, écriture vers le socket Apache
- Si le socket Apache est lisible, écriture vers le socket client
- Jusqu'à une erreur de lecture ou fin de fichier.

Pour les fonctions utilisées dans le sous-module thread esclave, il faut faire en sorte que ces fonctions soient « thread-safe » et qu'elles ne présentent pas de problème de la non-réentrance.

Ce thread assure le traitement de chaque connexion acceptée et contacte Apache pour établir une communication avec les clients. Pour ce faire, ce module gère deux sockets, un socket pour communiquer au client, et un autre pour communiquer avec Apache.

Il comporte les sous-modules suivants : `Init_Socket_Apache()` et `transfert_data()`.

La fonction `Init_Socket_Apache()`

Dans cette fonction, on trouve toutes les initialisations des variables, la connexion au serveur Apache au port 1328 par `connect()`.

Un extrait de code de la fonction est présenté ci-après :

```
remote_port = 80;
    remoteaddr.sin_family = AF_INET;
    bcopy(hp->h_addr_list[0],(caddr_t)&remoteaddr.sin_addr,hp->h_length);
    remoteaddr.sin_port = htons(remote_port);
    if ((remsock= socket(AF_INET,SOCK_STREAM,0))<0)
```

```
        {
                write(pram->v,text,strlen(text));
                Close(pram->v);
                //perror("REMOTE SOCKET");
                goto fin;
        }
        pram->w = remsock;
        if  ((connect   (pram->w,(struct   sockaddr   *)&remoteaddr,
sizeof(remoteaddr)))<0)
        {
                write(pram->v,text,strlen(text));
                Close(pram->v);
                goto fin;
        }
```

La fonction `Transfert_data()`

Le rôle de cette fonction est de transférer les données du socket client vers le serveur Apache et vice-versa. Pour cela, il utilise une boucle qui ne se termine que lorsqu' un de ce socket est fermé ou devient illisible. La fonction `transfert_data()` utilise la fonction `select()` pour sélectionner quel socket devient lisible ou non. `FD_ISSET` a été utilisée pour tester la lisibilité d'un socket.

On donne ci-après un extrait de code de la fonction `transfert_data()`

```
for (;;)
        {
           FD_SET(pram->v,&rset);
            FD_SET(pram->w,&rset);
            selectval=select(iMaxSocket,&rset,NULL,NULL,NULL);
            if (selectval == -1)
           break;
            if (FD_ISSET(pram->v,&rset))
            {
```

```
            nbytes=read(pram->v,&buf,TRANSFER_BUFFER_SIZE);
         if (nbytes<=0)
      { Close(pram->w);
        Close(pram->v);
           break;
         }
      if (write(pram->w,&buf,nbytes)!=nbytes)
           perror("write:");
      nbytes-=nbytes;
   }
         if(FD_ISSET(pram->w,&rset))
         {
            nbytes=read(pram->w,&buf,TRANSFER_BUFFER_SIZE);
            if (nbytes<=0)
            {
              Close(pram->w);
                Close(pram->v);
                break;
            }
            if (write(pram->v,&buf,nbytes)!=nbytes)
                perror("write:");
            nbytes -=nbytes;
         }
   }
```

`pram->v` : socket de communication entre les clients et le module Gate.

`pram->w` : socket de communication entre Gate et Apache.

3.1.1.2 Générateur de jetons

Toutes les secondes, le générateur est lancé pour estimer le taux d'arrivée des requêtes durant la période précédente. Il régénère N jetons après avoir récupéré le nombre de jetons restant, noté N_r lors de la dernière période. Chaque connexion consomme un jeton. Le taux d'arrivée de requêtes est donc égal à la différence entre le nombre de jetons qui ont été générés et le nombre de jetons restants. Les valeurs obtenues ont été enregistrées dans une variable commune sous forme de tableau afin que celle-ci puisse être calculée en terme de moyenne et accessible par le module de prédiction RNs. Le jeton a été implémenté en tant que variable globale pour les deux modules générateur de jetons et intercepteur de requêtes.

3.1.2 Le module de prédiction basée sur le RNs

Une fonction RN_reponse.c correspondant au réseau de neurones récupéré à l'aide de l'outil **snns2c** de SNNS a été utilisée pour estimer le temps moyen de réponse du serveur Web en fonction des paramètres d'entrée. Ce fichier avec son fichier d'entête a été inclus dans un programme écrit en C pour la prédiction du temps de réponse.

Pour chaque intervalle de temps kT, le moniteur est exécuté pour accéder à la variable globale de type tableau de la section précédente. Il calcule alors la moyenne des valeurs stockées dans le tableau. Cette valeur correspond à la moyenne de taux d'arrivée des requêtes durant la période précédente et correspond à $\lambda(k)$. Moyennant $\lambda(k)$, ainsi que d'autres paramètres tels que Maxusers et Somaxconn, on peut estimer, à partir du RNs, la valeur du paramètre MaxClients qui donne un temps de réponse plus proche de la valeur désirée. Par expérimentation, on a choisi k=5 et T=1 seconde.

Deux fonctions ont été utilisées pour récupérer les deux paramètres Maxusers et Somaxconn :

recuperer_maxusers() et recuperer_somaxconn ().

3.1.2.1 La fonction recuperer_maxusers()

Cette fonction permet de récupérer la variable du noyau maxuser à l'aide de la fonction sysctl(), dont le code est fourni ci après. La détection d'une modification de T_{ref} se fait par une simple récupération du contenu du fichier de configuration fichier.conf.

```
int recuperer_maxusers()
    {
        char *name="kern.maxusers";
        int bufsize, retval;
        size_t len;
        len=4;
        retval=sysctlbyname(name, &bufsize, &len, NULL, 0);
        return (bufsize);
    }
```

3.1.2.2 La fonction recuperer_somaxconn()

Cette fonction permet de récupérer la variable du noyau ipc.somaxconn à l'aide de la fonction sysctl() dont le code est le suivant :

```
int recuperer_somaxconn()
    {
        char *name="kern.ipc.somaxconn";
        int bufsize, retval;
```

```
        size_t len;
        len=4;
        retval=sysctlbyname(name, &bufsize, &len, NULL, 0);
        return (bufsize);
}
```

3.1.2.3 Algorithme d'ajustage de MaxClients

Le système de contrôle d'admission a été réalisé sur la base du temps moyen de réponse estimé par les RNs.
Il est donc constitué par le RNs et fonctionne comme suit :

1. L'Administrateur fixe un seuil pour le temps moyen de réponse, T_{ref}
2. Collecte de paramètres
3. Boucle d'itérations
   Chercher à partir de l'estimation du RNs, MaxClients qui donne T,

$$|T - T_{ref}| < \varepsilon$$

4. Ajuster MaxClients

```
#include "RN_reponse.h"
#include "RN_reponse.c"
int RN_controleur(p1,p2,lambda)

{
    int T_ref=400;
    float *RN_reponseNetInput,RN_reponseNetOutput;

    InsertInput(RN_reponseNetInput);
    uniformiserInput(RN_reponseNetInput);
    while(abs(T-Tref)>0.005)
            {
              RN_reponse(RN_reponseNetInput,RN_reponseNetOutput,0);

*RN_reponseNetOutput=rawconvert(*RN_reponseNetOutput,MIN,MAX);
            T=*RN_reponseNetOutput ;
            MaxClients++ ;
            }
}
```

3.1.2.4 Résultats expérimentaux

La configuration proposée utilise la même configuration que celle utilisée dans le chapitre précédent. On a modifié la configuration de Apache pour écouter sur le port 1328. La Figure 3.2 montre le trafic d'arrivée des requêtes utilisé durant les expérimentations. Pour mettre en évidence l'efficacité du mécanisme de contrôle d'admission, les caractéristiques du trafic d'arrivée ont été choisies de telle sorte que celui-ci soit assez important et dramatiquement très variable. L'objectif du mécanisme de contrôle d'admission est de garantir un temps de réponse plus proche d'une valeur de référence désirée. Dans le cas considéré, cette valeur de référence a été fixée à 400 millisecondes.

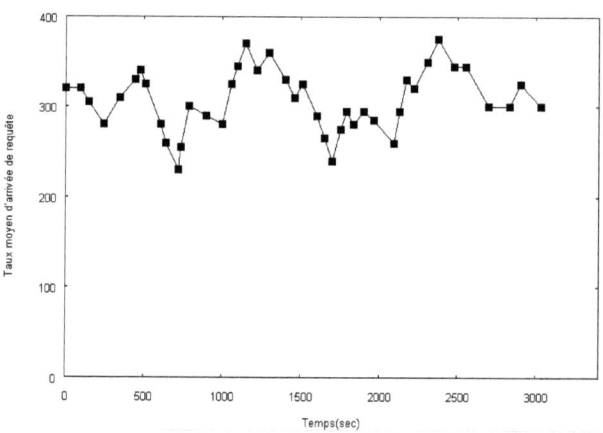

Figure 3. 2 *Trafic d'arrivée des requêtes durant les expérimentations*

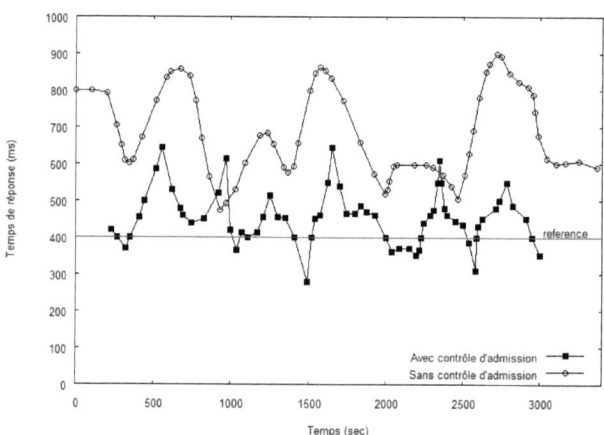

Figure 3. 3 *Temps de réponse du serveur dans le temps avec et sans contrôle d'admission*

Afin de valider empiriquement le mécanisme de contrôle d'admission basé sur les RNs, deux expérimentations ont été réalisées. La première consiste à tourner le serveur web sans mécanisme de contrôle d'admission tandis que la seconde avec le mécanisme de contrôle d'amission. La Figure 3.3 montre les variations du temps de réponse du serveur web dans le temps avec et sans contrôle d'admission. On constate qu'avec le mécanisme de contrôle d'admission, le temps de réponse du serveur oscille autour de la valeur de référence désirée. Ceci est dû au module de contrôle d'admission basé sur les RNs implémenté avec Apache. En effet, le module de contrôle, en utilisant les RNs estime périodiquement le temps de réponse du serveur. Pour la période suivante, Il ajuste le paramètre MaxClients de la période précédente pour que le temps de réponse estimé soit plus proche que possible de la valeur de référence désirée. Par contre, si le contrôle d'admission est absent, dû au trafic d'arrivée important (Figure 3.2) le temps de réponse durant les expérimentations est largement supérieur à la valeur de référence désirée.

Pour pouvoir évaluer les performances du mécanisme de contrôle d'admission basé sur les RNs, on a conçu un deuxième mécanisme de contrôle d'admission basé sur un contrôleur à action proportionnelle intégrale, PI. La section suivante présente ce contrôleur.

3.2 Contrôle en utilisant un correcteur PI

3.2.1 Sélection de la sortie du système et l'entrée de contrôle

La première étape pour la mise en place d'une stratégie de contrôle consiste à sélectionner les entrées de contrôle et le système de sortie. Les paramètres d'optimisation du serveur Apache et le taux d'arrivée des requêtes peuvent être considérés comme entrées du contrôle. Le système de sortie doit être choisi pour refléter la stratégie de contrôle, et ainsi devrait correspondre aux métriques des performances du système.

3.2.1.1 Sélection de la sortie du système

Différents métriques sont utilisées pour mesurer les performances du serveur web Apache, et sont donc des candidats idéaux pour le système de sortie. Ces métriques sont les suivantes: le temps de réponse, le débit, l'utilisation des différentes ressources sur le serveur, etc. La sélection de la métrique des performances appropriée ne dépend pas seulement de l'objectif ou du but de la stratégie de contrôle, mais elle définit également comment cette métrique peut être mesurée. Un des buts d'une stratégie de contrôle est d'assurer un temps de réponse acceptable aux clients. Dans le cadre de ce travail, on a choisi le temps de réponse comme sortie du système.

3.2.1.2 Sélection de l'entrée de contrôle

Pour la sélection de l'entrée de contrôle, il faudrait tenir compte des facteurs suivants:
- L'entrée de contrôle doit être dynamiquement changeable ;
- L'entrée de contrôle doit suffisamment affecter la métrique des performances choisie. Si l'entrée de contrôle a seulement un très petit impact sur la métrique choisie, alors l'efficacité de la stratégie de contrôle adoptée est limitée.

Dans le cadre de l'étude, on a choisi le paramètre MaxClients comme entrée de contrôle. On a apporté quelques modifications au programme source de Apache pour que celui-ci soit dynamiquement changeable sans rebooter la machine.

3.2.2 Modélisation de serveur web Apache

Cette section décrit la « boîte noire » pour modéliser Apache. Dans les systèmes mécanique et électrique, la modélisation est relativement simple en raison de l'existence des lois régissant l'interaction entre l'entrée de contrôle et la sortie du système (ex : loi de Newton). En informatique, la relation entre l'entrée de contrôle et la sortie du système n'est pas clairement définie. Il est alors nécessaire d'avoir des données empiriques pour trouver la relation entre l'entrée de contrôle et la sortie du système. Pour cela, quatre étapes sont nécessaires :

- Conception de l'entrée de contrôle suffisamment riche ;
- Collection des données sur le serveur ;
- Identification du système pour un modèle statistique à partir des données collectées ;
- Validation du modèle.

3.2.2.1 Environnement expérimental

Les configurations matérielles et logicielles utilisées restent les mêmes que celles utilisées dans le chapitre précédent. On a implémenté un module de gestion de connexion, similaire au module « moniteur » décrit dans la section 3.1. Ce module fait une boucle de répétition qui accepte des requêtes entrantes sur son port d'écoute et les relaye vers Apache. Son rôle principal est d'estampiller la connexion à Apache et la réception des réponses, et s'exécute avec un niveau de priorité hautement élevé. La différence entre le temps mis par Apache pour répondre à une requête et celui de la réception de la réponse est enregistrée comme temps de réponse. Le but est de réguler le temps de réponse, noté REP en ajustant la valeur du paramètre d'optimisation de Apache, MaxClients. Ainsi, on a construit un modèle utilisant MaxClients comme entrée de contrôle et REP la sortie du système. La charge de travail (workload) utilisée dans le chapitre précédent a été appliquée à Apache pour obtenir les données de l'apprentissage et du test. Le script de Autobenchadmin a été modifié pour générer un taux d'arrivée de 420 req/s durant la période de test.

3.2.2.2 Identification du système

Pour la collection des données, MaxClients doit être varié de manière à satisfaire deux propriétés. Premièrement, la variabilité de ce paramètre devrait être suffisante pour exciter toutes les dynamiques du système. Deuxièmement, il devrait être dense et couvrir uniformément l'intervalle de valeurs possibles du paramètre. Le paramètre devrait être varié pour couvrir le plus que possible l'espace d'entrée avec lequel le modèle sera utilisé. Dans le cadre de l'étude, un signal sinusoïdal a été utilisé pour MaxClients pour qu'il y ait à la fois des éléments de haute fréquence, la forme et des éléments de basse fréquence, la fréquence du signal sinusoïdal. Ces caractéristiques sont largement suffisantes pour déterminer les coefficients a et b du modèle. Le signal sinusoïdal de MaxClients a une période de 500 secondes, une moyenne de 80 et une amplitude de 80. La Figure 3.4 montre les données d'entrées-sorties utilisées durant les expérimentations pour l'identification du système.

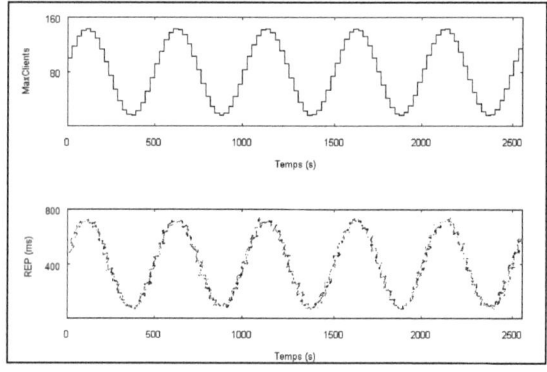

Figure 3. 4 *Données d'entrées sorties utilisées*

Différentes méthodes sont disponibles pour aider dans la construction d'un modèle qui caractérise la relation entre l'entrée de contrôle et la sortie du système. On a choisi, pour les données, d'ajuster un modèle à temps invariant (ARX). Si un modèle linéaire caractérise convenablement la relation entre l'entrée de contrôle et système de sortie, alors la théorie de contrôle linéaire peut être utilisée pour concevoir un contrôleur à boucle de rétroaction relativement simple. Même si un modèle non linéaire se présente, la première étape est toujours de concevoir un contrôleur basé par la linéarisation. En outre, le modèle est utilisé spécifiquement pour concevoir un contrôleur et des prédictions extrêmement précises ne sont pas requises.

La forme du modèle linéaire est :

$$REP(k+1) = aREP(k) + bMaxclients(k) \qquad (3.1)$$

Où a et b sont des scalaires.

Les paramètres a et b ont été estimés en utilisant la méthode des moindres carrés. On remarque que le modèle est du 1er ordre avec une entrée unique et une sortie unique SISO (Single Input, Single Output).

3.2.2.3 Estimation des paramètres du modèle en utilisant les méthodes des moindres carrés.

Cette section décrit comment estimer les paramètres du modèle à partir des données collectées. On s'intéresse à une méthode communément utilisée appelée : régression des moindres carrés.

Tout d'abord, on remarque que l'équation (3.1) fournit une manière de prédire $REP(k+1)$, noté $y(k+1)$ à partir de $REP(k)$ c'est-à-dire $y(k)$ et $MaxClients(k)$, noté $u(k)$. On note la valeur prédite par $y(k+1)$. L'équation (3.1) devient donc :

$$y(k+1) = ay(k) + bu(k) \qquad (3.2)$$

L'erreur résiduelle à la (k+1) itération est $e(k+1) = y(k+1) - y(k+1)$. C'est l'erreur de prédiction.

On se propose de choisir a et b qui minimisent la somme des carrés des erreurs.

$$J(a,b) = \sum_{k=1}^{N} e^2(k+1) = \sum_{k=1}^{N} \left[y(k+1) - ay(k) - bu(k) \right]^2 \qquad (3.3)$$

Où N+1 est le nombre total d'observations.

On peut trouver les valeurs de a et b qui minimisent J(a,b) en prenant les dérivées partielles et les mettre à zéro.

$$\frac{\delta J(a,b)}{\delta a} = -2 \times \sum_{k=1}^{N} y(k) \left[y(k+1) - ay(k) - bu(k) \right] = 0 \qquad (3.4)$$

$$\frac{\delta J(a,b)}{\delta b} = -2 \times \sum_{k=1}^{N} u(k) \left[y(k+1) - ay(k) - bu(k) \right] = 0 \qquad (3.5)$$

On peut maintenant résoudre ces deux équations et déterminer a et b. Pour faciliter les notations, posons :

$$S1 = \sum_{k=1}^{N} y^2(k) \qquad (3.6)$$

$$S2 = \sum_{k=1}^{N} u(k)y(k) \qquad (3.7)$$

$$S3 = \sum_{k=1}^{N} u^2(k) \qquad (3.8)$$

$$S4 = \sum_{k=1}^{N} y(k)y(k+1) \qquad (3.9)$$

$$S5 = \sum_{k=1}^{N} u(k)y(k+1) \qquad (3.10)$$

En manipulant les équations (3.4) et (3.5), on a

$$a = \frac{S3 \times S4 - S2 \times S5}{S1 \times S3 - (S2)^2} \qquad (3.11)$$

$$b = \frac{S1 \times S5 - S2 \times S4}{S1 \times S3 - (S2)^2} \qquad (3.12)$$

En appliquant les différentes formules aux données collectées, on obtient :

$y(k+1) = ay(k) + bu(k)$).

3.2.2.4 Evaluation du modèle

Le modèle obtenu a été évalué en utilisant R^2 qui est un indicateur de variabilité expliquée par le modèle. Il est calculé par la formule :

$$R^2 = 1 - \frac{\text{var}(y - \hat{y})}{\text{var}(y)} \qquad (3.13)$$

Où var(y) est la variance de $y(k)$. Pour un modèle parfait, les valeurs prédites sont égales aux valeurs mesurées. Il en résulte une valeur de R^2 de 100%. La valeur de R^2 obtenue pour REP est de 96%. Le modèle fournit donc une bonne prédiction parce qu'il y a seulement une petite variabilité.

3.2.3 Conception du correcteur

Le schéma fonctionnel du système à boucle fermée est montré sur la Figure 3.5. La référence est le temps de réponse désirée, noté REP^*. Le but d'une stratégie de contrôle basée sur la boucle à rétroaction est de suivre à la trace le temps de réponse désiré qui implique une possibilité de changement de REP dans un laps de temps raisonnable.

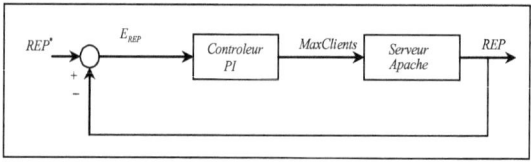

Figure 3. 5 *Schéma fonctionnel du système à boucle fermé*

Un correcteur à actions Proportionnelle Intégrale (PI) a été utilisé. La loi régissant un correcteur PI est donnée par la formule (3.14).

$$u(k) = k_p e(k) + k_I \sum_{j=1}^{k-1} e(j) \qquad (3.14)$$

Dans cette formule, $u(k) = MaxClients(k)$ et $e(k) = r(k) - y(k)$ est l'erreur entre la valeur de référence $r(k) = REP^*$, et la sortie du système $y(k) = REP$. On remarque qu'il s'agit d'un contrôleur SISO. La méthode par placement des pôles a été utilisée pour déterminer les valeurs appropriées des gains de contrôle K_P et K_I.

3.2.3.1 Détermination des gains de contrôle en utilisant la méthode par placement des pôles

3.2.3.1.1 Fonction de transfert

La méthode par placement de pôle utilise la fonction de transfert du modèle. On commence par l'équation (3.2). On pose $y(k) = REP(k) - \overline{REP}$ et $u(k) = MaxClients(k) - \overline{MaxClients}$. Alors, $y(k+1) = 0.532 y(k) + 0.0002 u(k)$. En multipliant les deux membres par z^{-k} et en faisant la somme de 0 à ∞, on obtient :

$$z \sum_{k=0}^{\infty} y(k+1) z^{-(k+1)} = 0.532 \sum_{k=0}^{\infty} z^{-k} + 0.0002 \sum_{k=0}^{\infty} u(k) z^{-k}$$

$$zY(z) = 0.532 Y(z) + 0.0002 U(z)$$

$$(z - 0.532) Y(z) = 0.0002 U(z)$$

$$G(z) = \frac{Y(z)}{U(z)} = \frac{0.0002}{z - 0.532}$$

$G(z)$ est la fonction de transfert du modèle.

3.2.3.1.2 Méthode par placement de pôles

Le correcteur PI a deux paramètres : K_P le gain proportionnel, et K_I, le gain intégral. K_P est utilisé pour avoir un temps de montée petit tandis que K_I est utilisé pour éliminer les erreurs statiques. Pour un modèle de type SISO, K_P et K_I sont des scalaires.

Pour concevoir un correcteur PI, K_P et K_I doivent être déterminés pour réaliser les spécifications des contrôles désirés, tels que zéro erreur statique et un temps de montée petit. Une approche communément utilisée pour concevoir un contrôle PI est la méthode par placement des pôles. Les étapes dans la méthode de conception basée sur le placement des pôles sont données ci-après :

1. Spécifier le temps de montée désiré pour le système à boucle fermée
2. Déterminer la position des pôles requise à partir du temps de montée désiré. Pour un temps de montée désiré t_s avec un intervalle de temps T, les pôles du système à boucle fermée doivent tous avoir un dépassement inférieur à e^{-4T/t_s} [Joseph L. et al., 2004]. Pour une erreur statique zéro, K_I doit être différent de zéro.

3. Déduire le système à boucle fermée à partir du modèle du système à boucle ouverte et la formule de contrôle
4. Calculer les gains de contrôle en faisant correspondre les pôles du modèle du système à boucle fermée aux pôles de la boucle fermée désirée. Lorsque les pôles de la boucle fermée désirés sont disponibles à partir de l'étape 2, et les pôles du modèle du système à boucle fermée peuvent être trouvés en fonction de K_P et K_I dans l'étape 3, les gains de contrôle peuvent être définis à partir de l'égalité en résolvant l'équation obtenue.

Avec le contrôleur PI, la fonction de transfert de l'ensemble du système à boucle fermée est donnée par la formule :

$$F_R(z) = \frac{Y(z)}{R(z)} = \frac{\left\{\left[(K_P + K_I)z - K_P\right]/(z-1)\right\}G(z)}{1 + \left\{\left[(K_P + K_I)z - K_P\right]/(z-1)\right\}G(z)} \qquad (3.15)$$

D'après les expérimentations, le temps de montée (settling time) de REP est de 60 secondes. En suivant les étapes données précédemment, on peut avoir des valeurs de référence pour K_P et K_I. On a ensuite utilisé MATLAB pour optimiser ces valeurs en utilisant la réponse indicielle. On a trouvé K_P=800 et K_I=250. La Figure 3.6 montre la réponse indicielle du modèle, et correspond bien à la spécification désirée. C'est le résultat de l'exécution du code MATLAB ci-après.

Dans le code, Gc, Gp, et Gcl représentent respectivement les fonctions de transport de contrôleur PI, du processus et de la boucle fermée à rétroaction.

```
kp=800;
ki=250;
Gc=tf([ki 0],[1 -1],-1)+kp;
Gp=tf(0.0002,[1 -0.5992],-1);
Gcl=feedback(Gc*Gp,1)
t=0:1:150;
step(Gcl,t);
```

Dans le code, Gc, Gp, et Gcl représentent respectivement les fonctions de transfert de contrôleur PI, du processus et de la boucle fermée à rétroaction

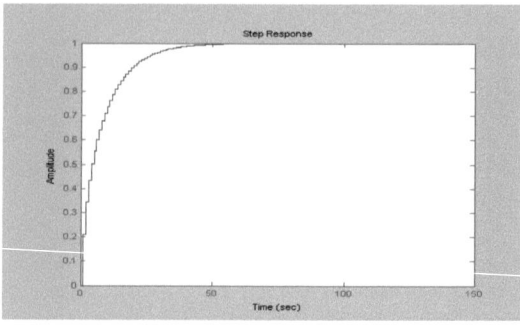

Figure 3. 6 *Réponse indicielle du système PI en boucle fermée*

3.2.4 Résultats expérimentaux

Le contrôleur PI a été implémenté sur la machine serveur FreeBSD. Le trafic d'arrivée des requêtes utilisé durant les expérimentations en fonction du temps reste le même que celui de la section 3.1, Figure 3.2. Le but des expérimentations est de mettre en évidence l'effet de l'implémentation du contrôleur PI sur le temps moyen de réponse du serveur. Le temps moyen de réponse désiré a été fixé à, $REP^* = 400$ ms. Pour la métrique REP, on a utilisé la moyenne de ses valeurs. On a choisi par expérience un intervalle de temps (sampling time) de 5 secondes de manière à balancer la réaction du système au changement et éviter une surcharge excessive engendrée par les mesures.

La Figure 3.7 montre le temps de réponse du serveur web durant les expérimentations. D'après cette figure, on constate que le contrôleur à action proportionnelle intégrale fonctionne correctement. En effet, il permet de limiter le temps de réponse au voisinage de la valeur de référence désirée. Le module contrôleur mesure périodiquement le temps de réponse du serveur web. La valeur de MaxClients pour la période suivante est calculée à partir de l'erreur entre le modèle et la mesure du temps de réponse, $e(k)$ de la période précédente et les deux paramètres K_P et K_I suivant la formule :

$$MaxClients(k) = MaxClients(k-1) + (K_P + K_I e(k) - K_P e(k-1))$$

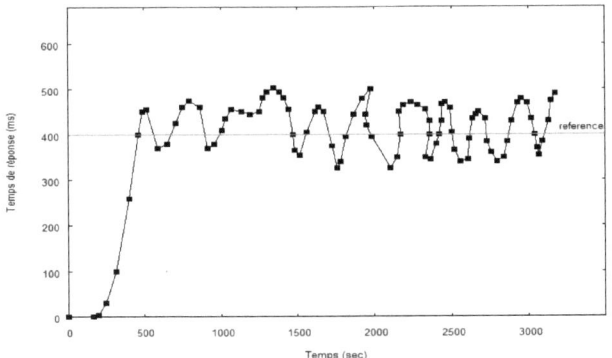

Figure 3.7 *Effet de l'implémentation du contrôleur PI*

Les deux contrôleurs PI et RNs vus précédemment peuvent être complémentaires. La section suivante présente un troisième contrôleur qui consiste à combiner les deux.

3.3 Correcteur mixte, PI et RNs

La Figure 3.8 montre l'effet de la combinaison des deux contrôleurs PI et RNs sur le temps de réponse du serveur. Comme dans la section précédente, le temps moyen de réponse désiré a été fixé à, REP^* =400 ms. De même, pour balancer la réaction du système au changement et éviter une surcharge engendrée par les mesures, on a choisi par expérience un intervalle de temps (sampling time) de 5 secondes. Le trafic d'arrivée des requêtes utilisé durant les expérimentations en fonction du temps reste le même que celui de la section 3.1, Figure 3.2.

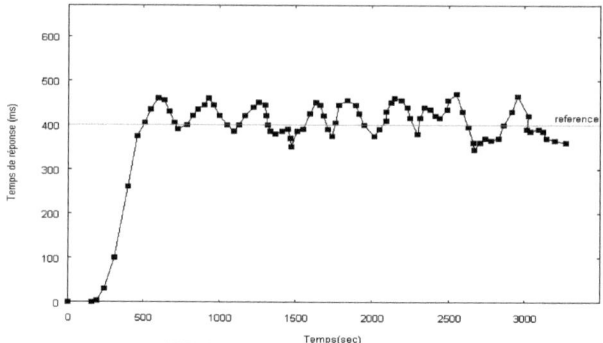

Figure 3. 8 *Effet de l'implémentation du contrôleur mixte RNs et PI*

A l'aide de RNs et en fonction du trafic d'arrivée des requêtes, on ajuste la valeur de *MaxClients* nécessaire pour maintenir le temps de réponse plus proche de la valeur désirée. Cette valeur est ensuite corrigée par le contrôleur PI selon l'erreur obtenue à partir des mesures.

3.4 Evaluation des performances

Les expérimentations montrent que le contrôleur mixte, RNs et PI offre une meilleure performance par rapport au contrôleur PI ou RNs tout seul. Les résultats révèlent les observations suivantes :

En utilisant la somme des carrés des erreurs entre la valeur désirée et l'actuel temps de réponse durant les expérimentations, on peut comparer les performances des différents contrôleurs. Plus la somme des carrés des erreurs est petite, plus le contrôleur possède une meilleure qualité.

Le Tableau 3.1 donne la somme des carrés des erreurs pour les trois types de contrôleurs.

Contrôleur	RNs	PI	Mixte PI et RNs
Somme des carrés des erreurs	23	6,45	3,17

Tableau 3. 1 *Somme des carrés des erreurs*

En utilisant un contrôleur basé sur RNs tout seul, on observe une erreur statique importante. Cela est dû aux caractéristiques stochastiques du temps de service et celles du taux d'arrivée des requêtes.

Quand un contrôleur PI est utilisé, on observe une élimination de l'erreur statique et une diminution relativement importante des fluctuations.

La performance du système de contrôle à boucle fermée PI est meilleure lorsqu'il est combiné avec le RNs. Cela provient du fait que la prédiction estimée par le RNs est plus proche de la valeur désirée. Le contrôleur PI ne fait alors que contrôler seulement l'erreur résiduelle.

Conclusion

Dans ce chapitre, on a présenté trois méthodes de contrôleur du temps de réponse du serveur Apache. La première méthode est basée sur une prédiction effectuée à base de réseau de neurones artificiels. En effet, le réseau de neurones estime le temps de réponse du serveur en fonction du trafic d'arrivée et ajuste la valeur du paramètre d'optimisation de Apache, MaxClients pour maintenir le temps de réponse à une valeur plus proche d'une valeur préalablement fixée. Les autres paramètres d'optimisation tels que Somaxconn et Maxusers ont été respectivement fixés à leur valeur optimale.

La deuxième méthode de contrôle de Apache repose sur l'utilisation d'un contrôleur proportionnel intégral, PI. Cette méthode consiste à utiliser la théorie de contrôle linéaire. Un modèle de Apache a été proposé. Le modèle a été ensuite utilisé pour trouver les paramètres, gains de contrôles K_I et K_P du contrôleur en utilisant la méthode par placement de pôles à partir des spécifications désirées telles que le dépassement et le temps de montée.

La troisième et dernière méthode de contrôle est un contrôleur mixte, basé sur la combinaison de RNs et PI.

On constate que le RNs tout seul peut contrôler l'admission de requêtes au serveur web mais le résultat est beaucoup satisfaisant lorsque celui-ci est combiné avec un contrôleur à action proportionnelle et intégrale, PI.

Les performances d'un réseau ne dépendent pas seulement de la capacité d'un serveur mais également de l'infrastructure d'accès. Le dernier chapitre de ces travaux de cet ouvrage concerne la modélisation des performances de l'une des infrastructures d'accès la plus utilisée, le réseau sans fil en mode infrastructure.

Chapitre 4

Modélisations mathématique et neuronale des performances du mécanisme d'accès DCF

La Fonction de Coordination Distribuée (DCF) constitue le mécanisme d'accès utilisé par le standard IEEE 802.11 pour le réseau sans fil en modes ad-hoc et à infrastructure. Elle est basée sur le protocole CSMA/CA (Carrier Sens Multiple Access with Collision Avoidance) qui permet le partage du canal pour la transmission des données asynchrones.

Contrairement au réseau local filaire, les performances du mécanisme d'accès DCF en terme de débit observé sur un réseau local sans fil à mode infrastructure dépend considérablement de la taille de paquet à transmettre, du nombre de stations en compétition et de la vitesse de transmission des stations.

Dans ce chapitre, on présentera, pour chaque protocole UDP et TCP, des modèles d'évaluation des performances du mécanisme d'accès DCF : modèles mathématiques et modèles neuronaux. Les modèles mathématiques donnent une expression mathématique du débit maximum en fonction du nombre de stations, de la taille de paquet émis et de la vitesse de transmission respectivement pour TCP et UDP. Les modèles neuronaux utilisent le modèle de perceptron multicouche pour prédire le débit en fonction des entrées en utilisant l'algorithme de rétropropagation du gradient. Les méthodes d'apprentissage supervisé et de validation croisée seront utilisées respectivement pour l'apprentissage du réseau de neurones et la validation du modèle.

Les expressions mathématiques ainsi que les modèles neuronaux seront obtenus en utilisant des données à partir des simulations faites avec le simulateur réseau NS-2.

A la fin de ce chapitre, les performances des modèles, mathématiques et neuronaux seront évaluées.

4.1 Le mécanisme d'accès DCF

La couche liaison de données de la norme 802.11 est composée de deux couches : la couche de contrôle de la liaison physique (Logical Link Control, notée LLC) et la couche de contrôle d'accès au support (Medium Access Control ou MAC). La couche MAC définit deux méthodes d'accès différentes : la méthode CSMA/CA utilisant la Fonction de Coordination Distribuée (DCF) et la Fonction de point de Coordination (PCF). Les deux méthodes d'accès peuvent coexister mais dans le cadre de ce travail on se limitera à la méthode la plus utilisée qui est la méthode CSMA/CA utilisant la DCF.

La DCF utilise le mécanisme d'esquive de collision (Collision Avoidance), ainsi que le principe d'accusé de réception (Positive Acknowledge) comme suit :

Une station souhaitant transmettre écoute le support, et si celui-ci est occupé, la transmission est différée. Autrement pour un temps spécifique (appelé DIFS, Distributed InterFrame Space, dans le standard), la station est autorisée à transmettre. La station réceptrice va vérifier le CRC du paquet reçu et renvoie un accusé de réception (ACK). La réception de l'ACK indiquera à l'émetteur qu'aucune collision n'a eu lieu. Si l'émetteur ne reçoit pas l'accusé de réception, alors il retransmet le fragment jusqu'à ce qu'il l'obtienne ou abandonne au bout d'un certain nombre de retransmissions prédéterminé.

C'est la couche MAC qui s'occupe de la détection de collision par l'attente d'un accusé de réception (ACK) pour chaque fragment transmis.

Le backoff est une méthode bien connue pour résoudre les différends entre plusieurs stations voulant accéder au support. Cette méthode exige que chaque station choisisse un nombre aléatoire n dans l'intervalle [0, CW-1], où CW représente la taille de la fenêtre de contention et ayant comme valeur initiale CWmin, et d'attendre ce nombre de slots avant d'accéder au support, toujours en vérifiant qu'une autre station n'a pas accédé au support avant elle. La durée d'un slot (Slot Time) est définie de telle sorte que la station sera toujours capable de déterminer si une autre station a accédé au support au début du slot précédent. Cela divise la probabilité de collision par deux.

Le backoff exponentiel signifie qu'à chaque fois qu'une station choisit un slot et provoque une collision, le nombre maximum pour la sélection aléatoire est augmenté exponentiellement. Le standard 802.11 définit l'algorithme de backoff exponentiel comme devant être exécuté dans les cas suivants :

- Quand la station écoute le support avant la première transmission d'un paquet et que le support est occupé,

- Après chaque retransmission,

- Après une transmission réussie.

Le seul cas où ce mécanisme n'est pas utilisé est quand la station décide de transmettre un nouveau paquet et que le support est devenu disponible pour un temps supérieur au DIFS.

4.2 Le Mode Infrastructure

Ce mode désigne un réseau composé d'une infrastructure permettant l'échange d'information entre les différentes stations du réseau. Cette infrastructure est basée sur un matériel spécifique qui fournit un ensemble de services. Ce matériel est appelé un point d'accès (AP).

4.2.1 Le Point d'accès

Le point d'accès ou Access point en anglais (AP) est une station qui intègre à la fois le réseau filaire et le réseau sans fil. Il gère la connexion entre les réseaux sans fils et celui du réseau filaire grâce à un pont Ethernet/802.11. Celui-ci est donc relié au réseau local filaire par un câble Ethernet et aux stations du réseau local sans fil par radio. Un point d'accès agit en fait comme une passerelle entre le protocole CSMA/CD d'Ethernet et le protocole CSMA/CA du réseau sans fil. En présence d'un point d'accès, les stations ne communiquent plus en point à point mais toutes les communications entre les stations ou entre une station et un réseau local filaire passent par l'AP. Les points d'accès ne sont pas mobiles, et font partie du réseau filaire.

En mode Infrastructure, chaque station se connecte au point d'accès. L'ensemble formé par le point d'accès et les stations situées dans sa zone de couverture s'appelle BSS (Basic Service Set). Chaque BSS est identifié par un BSSID pour Basic Service Set Identification, un identifiant de 6 octets. Dans ce mode, le BSSID correspond à l'adresse MAC du point d'accès.

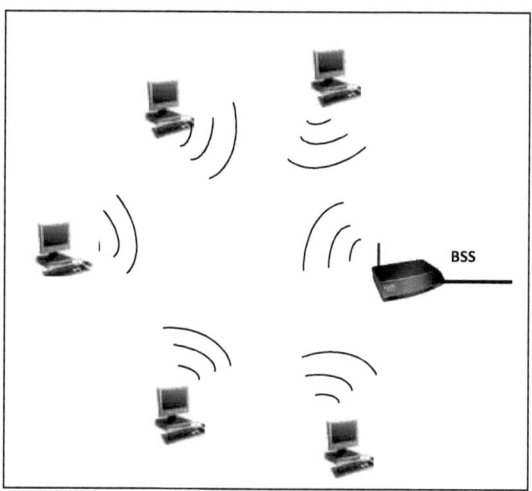

Figure 4. 1 *Mode Infrastructure*

Lorsque plusieurs points d'accès sont reliés entre eux par une liaison (liaison entre plusieurs BSS), ils forment un système de distribution (noté DS pour Distribution System). Celui-ci constitue un ESS pour " Extended Service Set ". Le système de distribution (DS) peut être aussi bien un réseau filaire qu'un réseau sans fil.

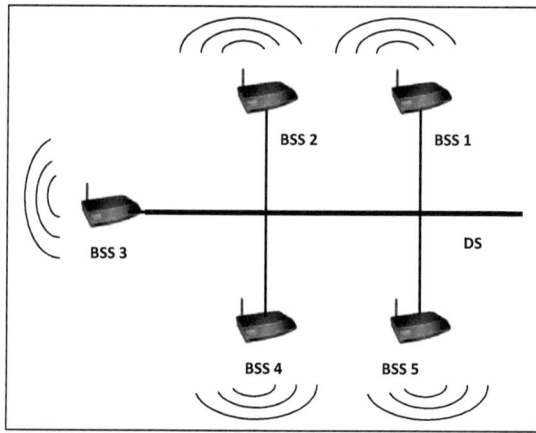

Figure 4. 2 *Système de distribution*

4.3 Simulation et modélisations

Les données utilisées pour les modélisations mathématiques et neuronales ont été obtenues à partir des simulations. Les modélisations mathématique et neuronale seront données à la fin du chapitre.

4.3.1 Le Simulateur réseau NS

Le simulateur NS-2 est l'outil le plus utilisé par la communauté scientifique réseau. Le NS-2 est un simulateur d'événement discret qui était à l'origine développé par LBL (Lawrence Berkeley Laboratory) de l'Université de Berkeley dans le projet VINT (Virtual InterNetwork Testbed).

Berkeley a sorti une version initiale de code intégrant des modules de simulation des réseaux sans fil dans NS, mais étaient très limités. En effet, les modules étaient incomplets et mal écrits, et la modélisation de la transmission radio de ces protocoles est peu réaliste. D'où l'extension apportée par le Projet Monarch [CMU] aux codes de NS pour supporter des nœuds mobiles, une couche physique plus réaliste, une interface de transmission radio et une implémentation du mécanisme d'accès DCF de la norme IEEE 802.11. C'est cette contribution qui a rendu possible l'utilisation de NS-2 pour une réelle simulation des réseaux sans fil.

4.3.1.1 Architecture du NS-2

Le simulateur a été écrit en langage C++ et utilise OTcl comme interface de commande et de configuration [K. Fall and K. Varadhan, 2000]. Cela signifie qu'on utilise des scripts OTcl pour le scénario de configuration dans le simulateur. Ceci présente un grand avantage du fait qu'on n'a pas besoin de recompiler le simulateur entre différentes simulations en même temps qu'on peut changer la configuration de la topologie, la source du trafic, la bande passante d'une liaison, etc. à partir du script OTcl.

4.3.1.2 Scénario de la simulation

Dans la simulation, la topologie du réseau sans fil est composée de 20 stations sans fil et d'une station de base dans le réseau sans fil. Un poste serveur a été relié à la station de base du réseau sans fil par un câble. La Figure 4.3 illustre l'architecture du réseau durant la simulation.

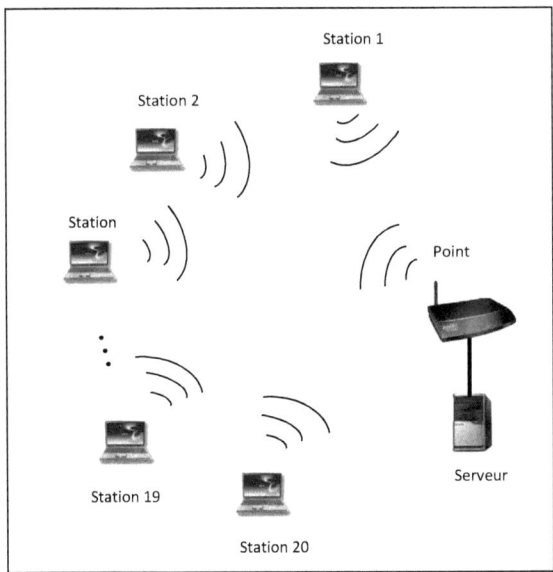

Figure 4. 3 *Architecture du réseau durant la simulation*

Les paramètres de la liaison filaire ont été choisis de telle sorte que sur l'ensemble des réseaux, sans fil et filaire, seulement le réseau sans fil constitue un goulet d'étranglement. Toutes les stations sans fil ont été placées les unes à côté des autres de telle manière que chaque station sans fil soit capable de détecter une transmission venant des autres stations, et qu'il n'y ait pas de stations mobiles dans le système. Cela veut dire que dans ce cas, on n'a pas considéré la mobilité des stations ainsi que le problème de nœud caché.

Dans la simulation, les trafics viennent des stations sans fil vers le serveur situé derrière la station de base. Les trafics concernent les protocoles TCP et UDP. Le but est d'observer le débit maximum observé au niveau de chaque station sans fil en fonction de la taille du paquet émis et le nombre de stations dans le réseau sans fil. Dans la simulation, les deux paramètres, taille de paquet et nombre de stations sans fil ont été pris respectivement dans les intervalles [150.. 1500] octets et [2..20] stations. On a choisi ces intervalles car la taille de paquet pour Ethernet est de 1500 octets, et que plus de 20 stations sans fil sur une station de base peuvent générer trop de collisions. Pour chaque combinaison de taille de paquet et de nombre de stations, le paramètre de la vitesse de transmission des stations sans fil a été mis successivement à 11 Mbits/s, 5,5 Mbits/s, 2 Mbits/s et 1 Mbits/s. La vitesse de transmission d'une station sans fil dépend de la distance de la station avec la station de base ainsi que la qualité du signal, et ne peut prendre qu'une de ces quatre valeurs.

A l'issue des simulations on a pu constituer 4317 résultats. Ces résultats seront utilisés pour les modèles mathématiques et neuronaux du présent chapitre.

4.3.1.3 Les paramètres de simulation

Cette section décrit les détails de la simulation qui est spécifique au mécanisme d'accès DCF.

Le Tableau 4.1 montre les valeurs des paramètres utilisées durant la simulation. Ces valeurs correspondent à la spécification définie par le standard 802.11b PHY [IEEE 1999b]

DIFS	50 μs
SIFS	10 μs
SLOT	20 μs
CWmin	31
CWmax	1023

Tableau 4. 1 *Les valeurs des paramètres utilisées*

Il convient d'ajouter dans Ns-2 certains paramètres pour avoir des résultats plus proches de la réalité.

4.3.1.3.1 RTS Thershold

La plupart des cartes réseaux sans fil intègrent le mécanisme RTS/CTS, mais désactivé par défaut. Ns-2, par contre l'active par défaut. Donc, il faut faire en sorte que Ns-2 se comporte autrement en changeant la valeur de RTSThershold_.

On a ajouté la ligne suivante au début du script :

```
Mac/802_11 set RTSThershold_ 5000
```

Cela signifie qu'un RTS sera seulement émis pour les paquets dont la taille dépasse 5000 octets, une valeur qui ne sera jamais atteinte.

4.3.1.3.2 Préambule

Chaque paquet dans le réseau sans fil est émis avec un préambule. Selon la spécification du standard 802.11b, ce préambule doit être émis à une vitesse de transmission de base 1Mbits/s. Mais il existe deux sortes de préambule long et court. Les paquets de long préambule ont un champ de synchronisation de 128 bits, tandis que 56 bits pour les paquets de préambule court.

Certaines cartes réseaux utilisent par défaut le long préambule, d'autres utilisent le court préambule. Pour supporter le préambule court, on doit ajouter la ligne suivante au début du fichier script de Ns-2 :

```
Mac/802_11 set PreambleLength_ 72.
```

Comme les cartes réseaux utilisées durant la validation ont des chipsets « atheros », on a fixé ce paramètre à 144, valeur qui correspond au préambule long, utilisé par les cartes à base de chipset atheros.

4.4 Modélisation mathématique

Cette section décrit les notions théoriques de base sur les lissages des fonctions qui seront utilisées pour la modélisation mathématique des performances du mécanisme d'accès DCF dans un réseau sans fil en mode infrastructure.

4.4.1 Méthodologie

Cette section décrit la méthodologie utilisée pour trouver l'expression mathématique du débit maximum observé sur chaque station en fonction du nombre de stations, de la taille de paquet et de la vitesse de transmission pour les protocoles TCP et UDP.

D'abord, on a fixé la taille de paquets et la vitesse de transmission en faisant varier le nombre de stations. Toutes les stations génèrent de paquets de même taille vers le serveur. Pour chaque nombre de stations donné, des simulations ont été exécutées afin de prélever le débit maximal observé pour chaque station. On a pu constater que le débit est inversement proportionnel au nombre de stations. Les données sur le débit en fonction du nombre de stations ont été tracées en utilisant la fonction **loglog** de MATLAB. La courbe obtenue donne une droite

$$\log(D) = A\log(N) + B \qquad (4.1)$$

D étant le débit observé sur chaque station et N, le nombre de stations.

On peut en déduire de (4.1),

$$D = e^B N^A \qquad (4.2)$$

Ensuite, on a fait varier la taille de paquets en maintenant fixe la vitesse de transmission. On a remarqué que la courbe des variations des tailles de paquets en fonction des coefficients A de la droite (4.1) est également une droite. De même, la courbe des variations des tailles de paquets en fonction des coefficients B de la droite (4.1) donne une droite. Les coefficients A et B des équations (4.1) et (4.2) peuvent être exprimés en fonction de la taille de paquets P comme suit :

$$A = \alpha_A * P + \beta_A \text{ et } B = \alpha_B * P + \beta_B \qquad (4.3)$$

Enfin, on a fait varier la vitesse de transmission des stations. En utilisant les méthodes des moindres carrées, les coefficients α_A, α_B, β_A et β_B de (4.3) en fonction de la vitesse de transmission des stations V sont définis par le polynôme suivant :

$$f(V) = a_1 V^3 + a_2 V^2 + a_3 V + a_4 \qquad (4.4)$$

V représente la vitesse de transmission, exprimée en Mbits/s et P, en octets.

Le Tableau 4.2 donne les coefficients a_1, a_2, a_3 et a_4 successivement représentant α_A, α_B, β_A et β_B pour TCP et le Tableau 4.3 pour UDP.

	Coefficients			
	a_1	a_2	a_3	a_4
α_A	-0.0070	0.0159	-0.1166	0.0164
β_A	0.0001	-0.0019	0.0161	-1.4442
α_B	-0.0010	0.0149	0.0099	0.1822
β_B	0.0107	-0.2043	1.1615	13.3738

Tableau 4. 2 *Coefficients du polynôme de TCP*

	Coefficients			
	a_1	a_2	a_3	a_4
α_A	-0.00003	-0. 00002	-0.00001	-0.000008
β_A	-1.10363	-1.11876	-1.13874	-1.14950
α_B	0.00075	0.00051	0.00025	0.00020
β_B	15.13122	14.87502	14.28191	13.65659

Tableau 4. 3 *Coefficients du polynôme de UDP*

Les Figure 4.4 et Figure 4.5 montrent les variations du débit maximum obtenues par simulations et en utilisant les modèles mathématiques en fonction des variations de la vitesse de transmission et du nombre de stations respectivement pour les protocoles TCP et UDP. La taille de paquet a été fixée à 1500 octets. Ces figures montrent que les résultats de la simulation coïncident parfaitement avec les résultats correspondant au modèle mathématique.

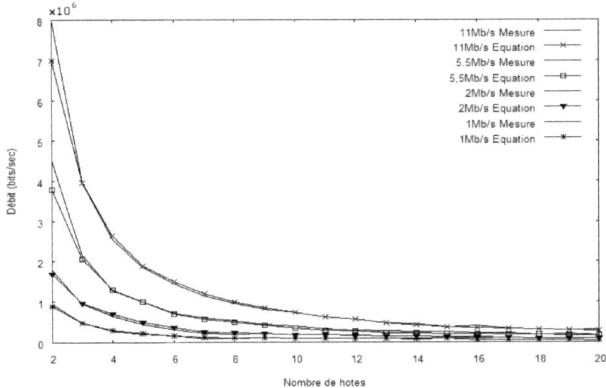

Figure 4.4 *Variations des débits en fonction de nombre de stations pour P=1500 octets pour le protocole TCP*

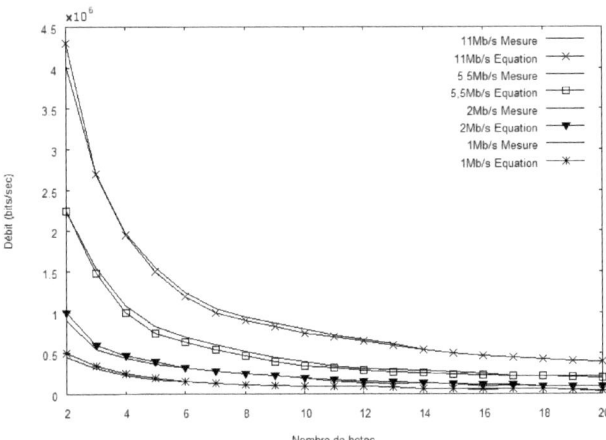

Figure 4.5 *Variations des débits en fonction de nombre de stations pour P=1500 octets pour le protocole UDP*

4.4.2 Validation et discussion

Afin de valider le modèle de la section précédente, on a mené des expérimentations. La Figure 4.6 illustre les configurations utilisées durant la validation. En effet, on a utilisé 9 PC dont 8 équipés chacun d'une carte Wifi Proxim Orinoco Gold 11a/b/g et un PC équipé d'une carte LAN. Tous les PC tournent sous Linux Fedora Core 3 et les cartes Wifi utilisent le pilote Madwifi. La partie filaire du réseau est connectée par un point d'accès Cisco Aironet series 1100. On a configuré toutes les stations sans fil pour utiliser respectivement les vitesses 11 Mb/s, 5.5 Mb/s, 2 Mb/s et 1Mb/s sans le mécanisme RTS/CTS.

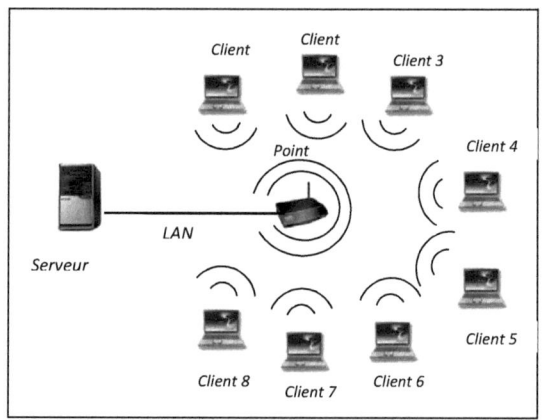

Figure 4. 6 *Configuration du labo*

Le but des expérimentations est d'observer les variations de la bande passante au niveau de chaque station en fonction du nombre de stations et ensuite les comparer avec les résultats obtenus à partir du modèle. Pour ce faire, on a utilisé Iperf. C'est un outil permettant de mesurer et d'analyser le débit d'un réseau utilisant les protocoles UDP et TCP. Dans le cas étudié, on a testé les deux protocoles.

Selon l'option de la ligne de commande, Iperf peut être aussi bien client que serveur. Sur la machine située sur le réseau filaire, Iperf a été utilisée comme serveur. Sur les autres machines sans fil, Iperf sont lancées en tant que client.

Les Figure 4.7 et Figure 4.8 récapitulent les débits maxima observés sur chaque station en fonction des variations du nombre de stations pour P=500 octets respectivement pour les protocoles TCP et UDP.

Les Figure 4.9 et Figure 4.10 récapitulent les débits maximum observés sur chaque station en fonction des variations du nombre de stations pour P=1000 octets respectivement pour les protocoles TCP et UDP.

Comparer avec les résultats expérimentaux, le modèle mathématique offre une bonne précision.

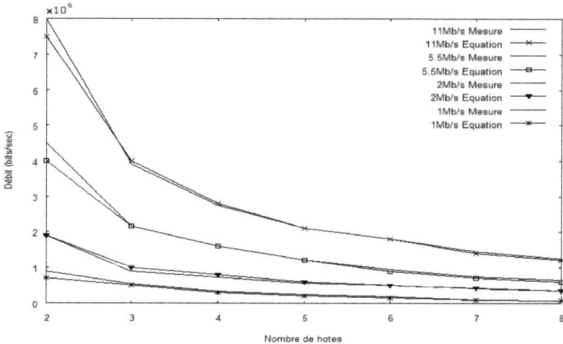

Figure 4. 7 *Variations des débits en fonction du nombre de stations pour P= 500 octets pour le protocole TCP*

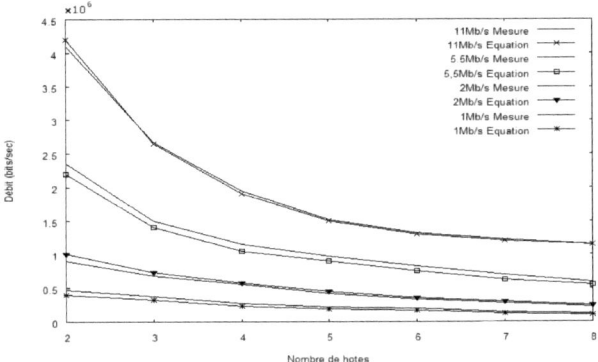

Figure 4. 8 *Variations des débits en fonction du nombre de stations pour P= 500 octets pour le protocole UDP*

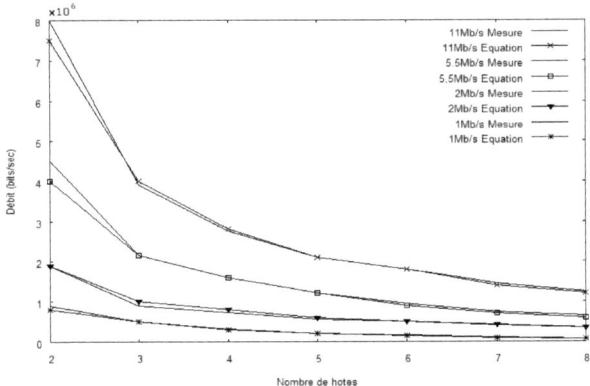

Figure 4. 9 *Variations des débits en fonction du nombre de stations pour P= 1000 octets pour le protocole TCP*

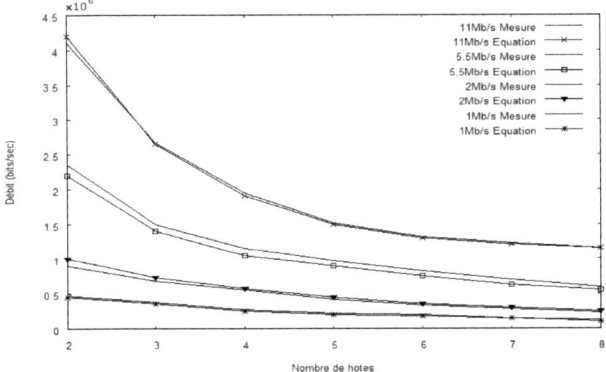

Figure 4. 10 *Variations des débits en fonction du nombre de stations pour P= 1000 octets pour le protocole UDP*

En analysant l'équation (4.1), l'extrapolation n'est possible que dans les deux cas suivants :

$D = f(N)$ et les autres paramètres tels que la vitesse de transmission V, la taille de paquet P sont constants ;

$D = f(P)$ et les autres paramètres tels que le nombre de stations N, la vitesse de transmission V sont constants.

En effet, pour le premier cas, l'équation (4.1) devient $D = c_1 N + c_2$, où c_1 et c_2 sont des constantes, si les autres paramètres V et P sont constants. On obtient alors une droite permettant une extrapolation.

Dans le second cas, si N est constant, l'équation (4.1) devient $\log(D) = A c_3 + B$, avec c3 est une constante. En développant, on obtient :

$$Log(D) = (c_3 \alpha_A P) + (c_3 \beta_A + B)$$

Comme V est aussi constante, l'expression ci-dessus devient une droite en fonction de P. Ceci rend possible une extrapolation.

4.5 Modélisation neuronale

Cette partie décrit la méthodologie utilisée pour trouver l'architecture optimale des modèles de réseau de neurones estimant les débits maxima observés sur chaque station WiFi en fonction du nombre de stations sans fil, de la taille de paquet et de la vitesse de transmission.

4.5.1 Le modèle de réseau de neurones

L'architecture du modèle est le perceptron multicouche (MLP) à trois couches présentée au chapitre 2. On désire que les modèles soient relativement petits et simples. Plusieurs essais ont été effectués pour déterminer empiriquement le nombre de neurones de la couche cachée. Pour éviter l'apprentissage par cœur, on s'efforce de ne pas surdimensionner le réseau de neurones. On a utilisé un simulateur de réseaux de neurones, SNNS, pour modéliser le réseau de neurones. Le nombre de neurones de la couche cachée est déterminé empiriquement en effectuant plusieurs essais. La normalisation des vecteurs d'entrée a été effectuée en appliquant une simple normalisation basée sur min-max donnée par la formule (2.6)

Enfin, Pour évaluer l'erreur de généralisation, on utilise une méthode de validation croisée de type *leave-k-out*: la base d'exemples est divisée en 5 parties de tailles égales, on utilise ensuite 3 parties pour l'apprentissage et 2 parties pour la validation du modèle d'estimation. Ainsi, 80% de la base d'exemples est utilisée pour l'apprentissage et 20% pour valider le modèle. On effectue autant d'apprentissages qu'il y a de combinaisons possibles pour le choix des parties de la base d'apprentissage : dans ce cas, on effectue donc $C_5^3 = 10$ apprentissages indépendants pour évaluer l'erreur de généralisation.

4.5.2 L'apprentissage

Comme l'apprentissage des métriques des performances du serveur Web du chapitre 2, l'apprentissage des deux modèles de réseau de neurones pour respectivement le débit maximum TCP et UDP sont de type RPROP (Resilient Back Propagation). De même, encore une fois, pour déterminer les paramètres optimaux, des tests ont été effectués en utilisant des scripts « batchman » de SNNS.

4.5.2.1 Apprentissage du débit maximum du protocole TCP

Le vecteur d'entrée est constitué de trois paramètres : le nombre N de clients, la taille P du paquet et la vitesse V de transmission. On n'a qu'une seule sortie, le débit maximum du protocole TCP. Il s'agit donc d'apprendre la relation : $(N, P, V) \rightarrow TCP$

Une seule couche cachée compose le modèle. Le nombre de neurones composant la couche cachée a été déterminé par essai/erreur. On a construit cinq architectures différentes composées de 3 neurones d'entrée, un neurone de sortie et d'un nombre variable de neurones cachées : 2, 4, 8, 16 et 32.

Architecture	NMSE (moyen)
3/2/1	$5,1416.10^{-1}$
3/4/1	$4,4561.10^{-4}$
3/8/1	$4,4728.10^{-4}$
3/16/1	$4,4570.10^{-4}$
3/32/1	$4,5647.10^{-4}$

Tableau 4. 4 *Architectures du débit maximum du protocole TCP*

Le Tableau 4.4 synthétise les résultats de l'apprentissage du débit maximum pour le protocole TCP pour des MLP avec 2, 4, 8, 16 et 32 neurones cachés. La première colonne donne le nombre de paramètres de l'architecture du MLP. La seconde colonne fournit l'estimation de la moyenne de la NMSE, mesurée sur les 10 apprentissages indépendants de la validation croisée.

On constate que logiquement, plus la taille du MLP augmente, plus il est de plus en plus précis dans ses évaluations. On ne peut pas véritablement conclure entre les modèles à 4, 8, 16 et 32 neurones cachés. Les NMSE sont trop proches. Un bon compromis entre taille du modèle et qualité est le modèle 3/4/1.

L'architecture finale est composée donc d'une couche d'entrée de 3 neurones, une couche cachée de 4 neurones et une couche de sortie de 1 neurone (Figure 4.11).

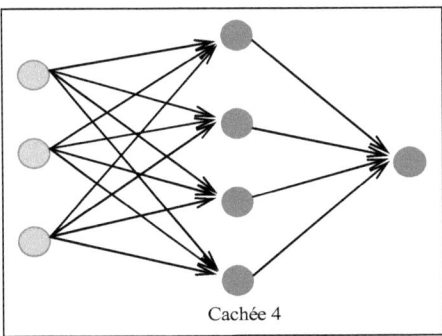

Figure 4. 11 *Architecture du débit maximum du protocole TCP*

On a utilisé RPROP pour l'apprentissage. RPROP possède trois paramètres d'apprentissage : Δ_{ij}, Δ_{max} et α

1. Δ_{ij} est la valeur d'incrément du poids w_{ij}. Cette mise à jour sera négative ou positive selon le sens de la dérivée de l'erreur. La valeur initiale de ce paramètre n'influence pas vraiment l'apprentissage, car il s'adapte durant le processus d'apprentissage.

2. Δ_{max} est la valeur maximale atteignable par les valeurs de mise à jour. Cette limite est importante pour empêcher les valeurs de mise à jour d'atteindre de trop fortes valeurs.

3. α est la constante correspondant au taux de déclin de la pénalité ajoutée à l'erreur. Elle correspond à l'influence de la taille des poids sur la fonction d'erreur.

Les paramètres optimaux pour le modèle sont donc :

Après plusieurs tests effectués en faisant varier le paramètre Δ_{ij} de 0.1, 1.0 et 2, on a constaté qu'une modification de cette valeur n'est pas critique. On l'a donc mise à une valeur intermédiaire de 1.0.

La valeur maximale atteignable pour la mise à jour Δ_{max} n'influence pas beaucoup la généralisation du modèle. On l'a donc mise à la valeur de défaut dans SNNS, c'est-à-dire à 50.

Pour la valeur de α, des tests de 5, 10, jusqu'à 50 avec un pas de 5 ont été effectués. Pour α égale à 15 ou 20, la capacité de généralisation du modèle est élevée. Il est intéressant de noter que pour des valeurs extrêmes, telle que $\alpha = 50$, l'influence de cette pénalisation des poids devient néfaste au modèle.

Les paramètres optimaux pour le modèle d'apprentissage du débit maximum pour le protocole TCP est donc:

1. Algorithme d'apprentissage : RPROP :

$\Delta_{ij} = 1.0$.

$\Delta_{max} = 50.0$.

$\alpha = 15$

2. La fonction d'initialisation des poids est de type aléatoire, dans l'intervalle de [−1, 1]

3. La fonction de mise à jour de l'activation des neurones est déterminée selon un ordre topologique, c'est-à-dire qu'elle suit la topologie du réseau (la première couche de neurones traitée est la couche d'entrée, la seconde est celle cachée, tandis que la dernière est la couche de sortie).

4. Le nombre de neurones cachés : 4

4.5.2.2 Apprentissage du débit maximum du protocole UDP

L'apprentissage du débit maximum du protocole UDP consiste à apprendre la relation $(N, P, V) \to UDP$. L'architecture du modèle est un MLP à 3 couches. Les méthodes qui ont été utilisées pour trouver le nombre de neurones de la couche cachée, les paramètres optimaux de RPROP, ainsi que la capacité de généralisation lors de l'apprentissage du débit maximum pour le protocole TCP ont été également appliquées pour apprendre le débit maximum pour UDP

Architecture	NMSE (moyen)
3/2/1	$5.1786 \cdot 10^{-2}$
3/4/1	$6.8561 \cdot 10^{-3}$
3/8/1	$7.1574 \cdot 10^{-4}$
3/16/1	$7.2574 \cdot 10^{-4}$
3/32/1	$7,1627 \cdot 10^{-4}$

Tableau 4.5 *Architecture du débit maximum du protocole UDP*

Le Tableau 4.5 récapitule les résultats de l'apprentissage du débit maximum pour le protocole UDP pour des MLP avec 2, 4, 8, 16 et 32 neurones cachés. Comme pour le protocole TCP, la première colonne donne le nombre de paramètres de l'architecture du MLP. De même, la seconde colonne fournit l'estimation de la moyenne de la NMSE, mesurée sur les 10 apprentissages indépendants de la validation croisée.

On constate que logiquement, plus la taille du MLP augmente, plus il est de plus en plus précis dans ses estimations. On ne peut pas véritablement conclure entre les modèles à 8, 16 et 32 neurones cachés. Les NMSE sont trop proches. Un bon compromis entre taille du modèle et qualité est le modèle 3/8/1.

L'architecture finale est composée donc d'une couche d'entrée de 3 neurones, une couche cachée de 8 neurones et une couche de sortie de 1 neurone (Figure 4.12).

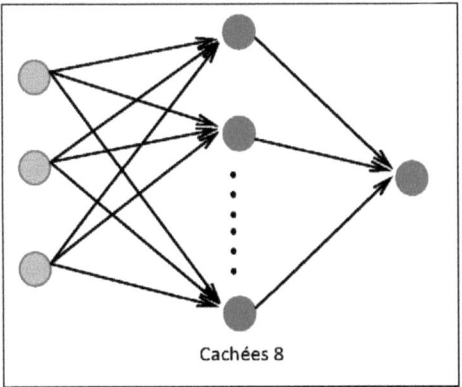

Figure 4.12 *Architecture du modèle pour le débit maximum du protocole UDP*

Les paramètres optimaux pour le modèle d'apprentissage du débit maximum pour le protocole UDP sont :

1. Algorithme d'apprentissage : RPROP :

$\Delta_{ij} = 1.0$.

$\Delta_{max} = 50.0$.

$\alpha = 5$

2. La fonction d'initialisation des poids est de type aléatoire, dans l'intervalle de $[-1, 1]$

3. La fonction de mise à jour de l'activation des neurones est déterminée selon un ordre topologique, c'est-à-dire qu'elle suit la topologie du réseau (la première couche de neurones traitée est la couche d'entrée, la seconde est celle cachée, tandis que la dernière est la couche de sortie).

4. Le nombre de neurones cachés : 8

4.6 Comparaison des performances des modèles

Dans cette section on a testé les performances des modèles mathématiques et neuronaux obtenus entre les données obtenues à partir des simulations et celles des modèles pour les deux protocoles TCP et UDP. Pour pouvoir comparer les NMSE des modèles mathématiques et neuronaux, on a normalisé les données du modèle mathématique selon la même formule que dans (2.6).

Protocoles	NMSE modèles mathématiques	NMSE modèles neuronaux
TCP	$2,1914.10^{-3}$	$4,5010.10^{-4}$
UDP	$3,3566.10^{-3}$	$7,4976.10^{-4}$

Tableau 4. 6 *Résultats des modèles mathématiques et neuronaux*

Le Tableau 4.6 récapitule les résultats des modèles mathématiques et neuronaux obtenus pour la prédiction du débit maximum pour les protocoles UDP et TCP. La première colonne correspond au type de protocole. La deuxième et dernière colonne fournissent l'estimation de la moyenne de la NMSE, mesurée pour les vitesses de transmissions 11 Mbits/s, 5.5 Mbits/s, 2Mbits/s et 1 Mbits/s en faisant varier les tailles de paquets respectivement pour les modèles mathématiques et neuronaux.

On constate que pour les deux protocoles UDP et TCP, les modèles de réseaux de neurones offrent des estimations plus précises que les modèles mathématiques.

Conclusion

Dans ce chapitre, à partir des données obtenues à partir des simulations, on a proposé deux modèles, neuronaux et mathématiques pour respectivement apprendre et exprimer le débit maximum observé sur chaque station sans fil en mode infrastructure en fonction du nombre de stations concurrentes, de la taille de paquet et de la vitesse de transmission dans le réseau pour les protocoles UDP et TCP.

Pour les modèles mathématiques, les méthodes de régression des moindres carrées ont été utilisées pour exprimer le débit observé sur chaque station en fonction du nombre de stations concurrentes, de la taille de paquet et de la vitesse de transmission dans le réseau sans fil en mode infrastructure.

Pour les modèles neuronaux, le modèle de perceptron multicouche a été utilisé. Les méthodes d'apprentissage supervisé et de validation croisée ont été utilisées respectivement pour l'apprentissage du réseau de neurones et la validation du modèle. On constate que la capacité de généralisation des modèles sur des exemples non connus est très bonne

Les résultats d'une étude comparative entre les deux modèles ont permis d'affirmer que dans le cas considéré, les modèles neuronaux offrent une meilleure précision par rapport aux modèles mathématiques utilisés.

Conclusion et perspectives

Dans ces travaux de cet ouvrage, on s'est intéressé au problème d'évaluation des performances d'un serveur web et du mécanisme d'accès DCF en mode infrastructure.

Dans le premier chapitre, on a réalisé l'analyse et la modélisation d'un serveur web. Plusieurs expérimentations ont été effectuées pour examiner les performances du serveur. Durant les expérimentations, on a utilisé l'outil d'évaluation des performances Webstone. Pendant ces expérimentations, on a considéré : (1) la relation entre le nombre de clients et le débit du serveur, (2) la relation entre la taille de documents et le temps de réponse, (3) l'effet du paramètre MaxClients de Apache sur les performances du serveur, (4) l'effet du paramètre Somaxconn du système d'exploitation FreeBSD sur les performances du serveur, et (5) l'effet du paramètre Maxusers du système d'exploitation FreeBSD sur les performances du serveur. Les résultats expérimentaux ont montré que :

- (1) le débit augmente avec le nombre de clients jusqu'au nombre de clients capable de saturer la charge du CPU. Quand le CPU devient saturé, le débit atteint sa valeur maximale. De même, le temps moyen de réponse du serveur augmente avec le nombre de clients. En utilisant l'outil **bsdsar**, on a constaté que, dans le cas considéré, ni la mémoire, ni le disque ne constitue pas un goulet d'étranglement
- (2) quand les tailles de documents sont petites, les temps moyens de réponse sont presque constants ; dans le cas contraire, ces derniers sont proportionnels aux tailles de documents
- (3) lorsque le nombre de processus, c'est-à-dire MaxClients ne sont pas encore suffisants pour complètement saturer le serveur, le débit du serveur augmente avec MaxClients. Si le nombre de MaxClients est suffisant pour saturer le serveur, augmenter le MaxClients, diminue les performances du serveur.
- (4) pour des trafics importants et lorsque le serveur est surchargé, une valeur trop petite du paramètre Somaxconn engendre un taux d'erreurs importants dû à une file d'attente pleine. Cependant, une valeur trop élevée de ce paramètre génère également des erreurs de timeout du fait du temps de séjour trop long dans la file d'attente
- (5) certaines ressources (buffer réseau, descripteur, etc) du système sont fonctions de Maxusers. Si Maxusers n'est pas suffisant, il y a pénurie de ressources qui pénalise les performances du système. Une valeur trop grande de Maxusers rend médiocre les performances du serveur. En effet, d'autres modules autres que le réseau souffrent d'une insuffisance de ressources notamment la mémoire.

A la fin du chapitre, on a présenté un modèle simple basé sur la file d'attente représentant l'architecture du serveur (processeur, mémoire, et disque). Pour cela, on a utilisé la technique itérative basée sur les équations MVA (Mean Value Analysis). La qualité de prédiction du modèle a été raisonnablement bonne, notamment lorsque le nombre de clients correspond au débit maximal du serveur.

Le deuxième chapitre a été consacré à la modélisation neuronale des métriques des performances du serveur web. Plusieurs expérimentations ont été effectuées pour mesurer l'effet des paramètres d'optimisation du système d'exploitation FreeBSD, du serveur Apache et le trafic d'arrivée λ. Les outils Autobenchadmin et HTTPerf ont été utilisés comme outils d'évaluation des performances. Avec les données obtenues des expérimentations, on a utilisé la capacité d'apprentissage et de généralisation de réseau de neurones feed-forward pour apprendre les performances du serveur. Trois réseaux de neurones ont été nécessaires pour prédire respectivement le temps moyen de réponse, le pourcentage de rejet et le débit du serveur en fonction des paramètres d'optimisation du système d'exploitation FreeBSD, du serveur Apache et le trafic d'arrivée λ. L'apprentissage des réseaux a été réalisé avec l'outil SNNS en utilisant l'algorithme d'apprentissage RPROP. Les trois modèles ont été composés, chacun d'une seule couche cachée. Pour les méthodes d'apprentissage et de validation, on a appliqué respectivement l'apprentissage supervisé et la validation croisée. Le débit, le temps moyens de réponse et le taux de rejet du serveur web ont été parfaitement estimés (moyenne des NMSE mesurée sur les 45 apprentissages indépendants de la validation croisée sur des exemples inconnus de l'ordre de 10^{-4}), respectivement pour 8, 16 et 4 neurones cachés.

Le troisième chapitre a traité trois stratégies de contrôle pour le serveur web. On a présenté trois stratégies basées respectivement sur l'utilisation de réseau de neurones (RNs), de contrôleur Proportionnel Intégral (PI) et de combinaison de RNs et PI. Le système de contrôle a utilisé le paramètre d'optimisation MaxClients de Apache comme entrée de contrôle et le temps moyen de réponse comme sortie du sytème. Il s'agissait de maintenir le temps moyen de réponse du serveur plus proche d'une valeur désirée en ajustant la valeur de MaxClients. On a proposé d'abord une stratégie de contrôle à boucle ouverte basée sur le réseau de neurone. Le principe est le suivant : on estime la moyenne de λ durant un instant T. Pour chaque instant T, le système de contrôle lit les valeurs des paramètres Somaxconn et Maxusers et ajuste la valeur de MaxClients à une nouvelle valeur correspondant au temps moyen de réponse estimé par le réseau de neurones et plus proche de la valeur désirée. Ensuite, on a présenté une stratégie de contrôle à boucle fermée avec un correcteur PI. L'entrée de contrôle et la sortie du système reste les mêmes que celles utilisées précédemment. Contrairement au système de contrôle à boucle ouverte qui ne nécessite aucune mesure de la sortie, le système à boucle fermée doit mesurer périodiquement cette dernière. MaxClients doit être ajusté par rapport aux erreurs observées e(k) suivant la formule :

$$MaxClients(k) = MaxClients(k-1) + (K_P + K_I)e(k) - K_P e(k-1).$$

On a obtenu K_P et K_I en utilisant la méthode par placement de pôle à partir des caractéristiques désirées et la fonction de l'ensemble du système de contrôle à boucle fermée. Enfin, on a proposé une stratégie de contrôle mixte utilisant à la fois RNs et PI. Le RNs estime MaxClients, et PI corrige l'erreur en ajustant ce dernier à partir de la mesure. Les résultats expérimentaux ont montré que :

- la stratégie de contrôle à boucle ouverte, basée sur le RNs seul développe une erreur statique relativement large et aussi une fluctuation importante.
- la stratégie de contrôle à boucle fermée basée sur un correcteur PI seul élimine l'erreur statique et diminue la fluctuation
- la stratégie de contrôle mixte, RNs et PI offre une meilleure performance. En effet, la prédiction estimée par le RNs est plus proche de la valeur désirée. Le contrôleur PI ne fait alors que contrôler seulement l'erreur résiduelle.

Le dernier chapitre a été dédié à la modélisation des performances du mécanisme d'accès DCF en mode infrastructure. On a effectué plusieurs simulations pour examiner le débit observé sur chaque station d'un réseau sans fil utilisant DCF en mode infrastructure en fonction de la taille de paquet, de la vitesse de transmission et du nombre de stations accédant à la fois au point d'accès. On utilise le simulateur réseau NS-2. On a examiné les deux protocoles TCP et UDP. A partir des résultats obtenus, tout d'abord on a appliqué les méthodes de régression des moindres carrées pour trouver les expressions mathématiques du débit maximal observé sur chaque station en fonction de la taille de paquet, de la vitesse de transmission et du nombre de stations pour TCP et UDP. On a validé expérimentalement les modèles en utilisant des machines sous Linux, un point d'accès Cisco et l'outil Iperf. L'extrapolation n'est possible que si le débit est exprimé en fonction du nombre de stations ou de la taille de paquet en considérant les autres paramètres constants. Ensuite, on a utilisé la capacité d'apprentissage et de généralisation de réseau de neurones feed-forward pour apprendre les performances du mécanisme d'accès DCF. Deux réseaux de neurones ont été nécessaires pour prédire le débit maximum observé sur chaque station pour respectivement TCP et UDP, en fonction de la taille de paquet, de la vitesse de transmission et du nombre de stations accédant à la fois au point d'accès. On a effectué l'apprentissage à l'aide de l'outil SNNS (Stuttgart Neural Network Simulator) en utilisant l'algorithme d'apprentissage RPROP (Resilient Backpropagation). Pour les méthodes d'apprentissage et de validations des modèles, on a appliqué respectivement l'apprentissage supervisé et la validation croisée. Le débit maximal observé sur chaque station pour les protocoles TCP et UDP ont été parfaitement estimés (moyenne des NMSE mesurée sur les 45 apprentissages indépendants de la validation croisée sur des exemples inconnus de l'ordre de 10^{-4}), respectivement pour 4 et 8 neurones cachés.

Les résultats d'une étude comparative des deux modèles, mathématiques et neuronaux ont permis d'affirmer que dans le cas considéré, les modèles neuronaux offrent une meilleure précision par rapport aux modèles mathématiques utilisés.

Les perspectives sont multiples car les présents travaux ne représentent qu'un premier pas d'abord vers la modélisation par réseaux de neurones des performances d'un serveur web et du mécanisme d'accès DCF d'un réseau sans fil en mode infrastructure et ensuite l'utilisation du modèle neuronal pour le contrôle d'un serveur web. Les modèles pour le serveur web sont basés seulement sur quelques paramètres d'optimisation du système d'exploitation et de Apache et ignorent d'autres paramètres tels que la taille de buffer TCP, KeepAlive de Apache, etc. La généralisation de notre approche à la performance des serveurs web se heurte aux problèmes de la description de trafic et de la distribution de la taille des documents. En effet, ces problèmes de la description des trafics et de la distribution de la taille de documents, et notamment de leur variabilité, reste aujourd'hui encore un problème ouvert. Les modèles d'évaluation du serveur web qu'on a construit sont par conséquent spécifiques aux modèles qu'on a considérés. Mais c'est en grande partie l'intérêt des modèles d'apprentissage de pouvoir s'adapter spécifiquement aux observations qui constituent leur base d'apprentissage.

Les modèles d'évaluation des performances d'un mécanisme d'accès DCF d'un réseau local sans fil en mode infrastructure ont été construits en considérant les stations fixes et ignorent la mobilité des stations. En effet, proposer un modèle en tenant compte de la mobilité des stations, de la qualité de la connexion, etc. reste encore un défi.

Enfin, l'utilisation de l'évaluation et du contrôle par réseaux de neurones pour considérer les exigences de la qualité de service des clients est prometteuse. Ils constituent un bon compromis entre les méthodes de simulation, plus réaliste mais extrêmement coûteuses et l'approximation analytique.

Bibliographie

[ABIresearch] ABIresearch sur le site *http://www.abiresearch.com*

[A. Hiramatsu, 1991] A. Hiramatsu, "Integration of ATM Call Admission Control and Link Capacity Control by distributed neural networks", IEEE J. Sel. Areas Commun., Vol. 9, 1991, pp. 1131-1138.

[Aldemia J. et al., 1998] Aldemia J., Dadu M., Manikutty A., Cao P.: *"Providing differentiated quality-of-service in web hosting services"*, in 1998 Workshop on Internet Server Performance, June 1998.

[A. Pitsillides et al., 1997] A. Pitsillides, Y. A. Sekercioglu, and G. Ramamurthy. *Effective control of traffic flow in ATM networks using fuzzy explicit rate marking (ferm)*. Journal on Selected Areas in Communications, 15(2):209-225, 1997.

[A. Aussem, 1994] A. Aussem, "Call admission control in ATM networks with the randon neural network", Procedings of the IEEE Int. Conf. On Neural Network, Vol. 4, pp.2482-2487, 1994.

[Autobench] http://www.xenoclast.org/autobench

[Barford P. et Crovella M., 1999a] Barford P., Crovella M., 1999a, *Performance Evaluation of Hyper Text Transfer Protocols. Proceeding of ACM SIGMETRICS '99, (Extended version avalaible drunk as Boston University Technical Report BU-TR-98-016 98 016)*, p. 188-197.

[Barford P. et Crovella M., 1999b] Barford P., Crovella M., 1999b, *Measuring Web Performance in the Wide Area*. International Sigmetrics'99, p.37-48.

[Barford P., 1999] Barford P., 1999, *Web Server Performance Analysis*. Tutorial at ACM SIGMETRICS.

[Bianchi G, 1998] Bianchi G.: *"IEEE 802.11-Saturation Throughput Analysis"*, IEEE Communication .Letters, vol. 2, pp. 318-320, Dec. 1998.

[Bianchi G, 2000] Bianchi, G.: *"Performance Analysis of the IEEE 802.11 Distributed Coordination .Function"*, IEEE Journal on Selected Areas in Communications, vol.18,pp. 535-547, Mar.2000.

[C.E. Rohrs et al.,1995] C. E. Rohrs, R. A. Berry, and S.J. O'Halek. *A control engineer's look at ATM congestion avoidance*: In GLOBECOM, pp. 1089-1094, 1995.

[Chen H., Li Y, 2004] Chen H., Li Y. *"Performance Model of IEEE 802.11 DCF with Variable Packet .Length"*, IEEE Communications Letters, vol. 8, no. 3, Mar. 2004.

[Chen X et Mohapatra P, 1999] Chen X., Mohapatra P.: *"Providing differentiated service from an internet server"*. In Proceedings of IEEE Internet Conference on Computer Communications and Networks (ICCCN'99), Boston, MA, October 1999.

[Chhaya H., Gupta S, 1997] Chhaya H., Gupta S.: *"Performance Modeling of Asynchronous Data Transfer Methods..of IEEE 802.11 MAC Protocols"*, Wireless Networks, vol. 3, pp. 217- 234, 1997.

[C.V. Hollot et al., 2001a] C.V. Hollot, V. Misra, D. Towsley, and W.B. Gong. *A control theoretic analysis of RED*. In Proceeding of IEEE INFOCOM'01, Anchorage, AK, April 2001.

[C.V. Hollot et al., 2001b] C.V. Hollot, V. Misra, D. Towsley, and W.B. Gong. *On designing improved controllers for AQM routers supporting TCP flows*. Proceeding of IEEE INFOCOM'01, Anchorahe, AK, April 2001.

[D. Mosberger et T. Jin, 1998] HTTPerf – David Mosberger and Tai Jin. *A Tool for Measuring Web server Performance. HP Research Labs.* December 1998, volume 26 issue 3, ACM Sigmetrics Performance Evaluation Review.

[D. Menascé et al., 1994] D. Menascé, V. Almeida and L. Dowdy, *Capacity Planning and Performance Modeling : from mainframes to client/server systems*, PTR Prentice-Hall, Englewood Cliffs, 1994

[Eggert L. et Heidemann J., 1999] Eggert L., Heidemann J.: *"Application-level differentiated services for web servers"*. In World Wide Web Journal, 32(3):133-142, 1999.

[E. Nordström, 1995] E. Nordström, J. Carlström, O. Gällmo and L. Asplund, "Neural networks for adaptive traffic control in ATM networks", IEEE Communication Magazine, Oct. 1995.

[Erich M., 1999] Erich M. Nahum. Deconstructing SPEC Web99, IBM T.J. Watson Research Center Yorktown Heights, NY, 10598.

[F. Hernandez-Campos et al., 1995] F. Hernandez-Campos, K. Jeffay, F.D. Smith. *Tracking the Evolution of Web Traffic : 1995-2003*. University of North at Chapel Hill, Departement of to Computer Science, Chapel Hill, NC 27599-3 175 USA.

[F. Hernandez-Campos et al., 2003] F. Hernandez-Campos, K. Jeffay, F.D. Smith. *Tracking the Evolution of Web Traffic : 1995-2003*. University of North at Chapel Hill, Departement of to Computer Science, Chapel Hill, NC 27599-3175 USA.

[G. Banga P. Druschel, 1997] G. Banga P. Druschel, *Measuring the capacity of a Web Server*, in USENIX Symposium on Internet Technologies and Systems, December 1997, pp. 61-67.

[H. Brandt et al.,1995] H. Brandt, E. Nordström, O. Gällmo and M. Gustafsson and L. Asplund, "A hybrid neural network approach to ATM admission control", International switching symposium World telecommunications Congress, ISS'95, Berlin, pp. 283-287, 1995.

[IEEE 1999a] IEEE, supplement to Part 11 : *"Wireless LAN Medium Access Control (MAC) and Physical Layer (PHY) specifications : Higher-speed Physical Layer Extension in the 2.4 GHz Band"*, IEEE Std. 802.11b-1999, 1999.

[IEEE, 1999b] The Institute of Electrical and Electronics Engineers, Inc. *IEEE Std 802.11 – Wireless LAN Medium Access Control (MAC) and Physical Layer (PHY) specifications*, 1999 edition.

[J. Cao et al., 2003] J. Cao, M. Anderson, C. Nyberg and M. Kih, 2003: Web server performance modelling using an M/G/1/K*PS Queue. Telecommunication, ICT 2003, 10th International conference, p.1501-1506 vol.2.

[Jean C. B. et Phylipp H., 1996] Jean C. B., Phylipp H., 1996. Performance Engineering of the world wide web: *application to dimensioning and cache design, INRIA*. Proceeding of the fifth international World Wide Web conference on computer network and ISDN systems, p.1397-1405.

[K. Fall and K. Varadhan, 2000]K. Fall and K. Varadhan. *The ns Manual*. VINT Project, UC-Berkeley and LBNL, 2000 sur le site *http://www.isi.edu/nsnam/ns/*

[Kazamine M. Et al, 2001] Kazamine M., Shingo A., Masayuki M, 2001, *Capacity dimensioning Based on Traffic Measurement in the internet.Proceedings of IEEE GLOBECOM*, Vol4. San Antonio,TX. p. 2532-2536.

[Khaled M.Elleithy et all, 2002] Khaled M.Elleithy, Ananthan Komaralingan, 2002. *Using queueing model to analyzes the performance of web servers.* International Conference on Advances in Infrastructure for e-Business, e-Education, e-Science, and e-Medecine on the Internet, Rome, Italy, January 21-27.

[L. Benmohamed et S.M. Meerkov, 1993] L. Benmohamed and S. M. Meerkov. *Feedback control of congestion in packet switching networks: the case of a single congested node.* IEEE Transactions on Networking,1(6), December 1993.

[L. Sha et al., 2002] L. Sha, X. Liu, Y. Lu, and T. Abdelzaher. *Queueing model based network server performance control.* In IEEE RealTime Systems Symposium, 2002.

[Martin F. et Carey L., 1996] Martin F. Arlitt, Carey L. Williamson. *Web Server Workload Characterization: the search for Invariants.* In ACM Sigmetrics '96, pages 126-137, May 1996. Extended Version.

[Mikael A. et al, 2003] Mikael A., Jianhua C., Maria K., Christian N.,2003.*Performance modeling of an Apache web server with bursty arrival traffic.*International Conference Computing p. 508-514. .

[N. Sai et A.P Shivaprasad, 1997] N. Sai Shankar and A.P. Shivaprasad. *An Instantaneous Control model for Flow Control in an ATM Network.* In International Conference on Information, Communications and Signal Processing, pp 878-882, 1997.

[Netcraft] http://www.netcraft.com

[P. Johansson et A.A. Nilsson, 1997] P. Johansson and A. A. Nilsson. *Discrete time stability analysis of an explicit rate algorithm for the abr service.* In IEEE ATM Workshop, pages 229-350, 1997.

[P. Tran-Gia and O. Gropp, 1992] P. Tran-Gia and O. Gropp, "Performance of a neural net used as admission controller in ATM systems", Proc. IEEE GLOBECOM'92, Orlando, Florida, pp. 1303-1309, 1992.

[R. Bolla and al., 1998] R. Bolla, F. Davoli, P. Maryni, T. Parsini, "An adaptive neural network admission controller for dynamic bandwith allocation", IEEE Trans. Syst., Man, and Cyb., Vol. 28, No. 4, 1998.

[R. D. V. D. Mei et al., 2001] R. D. V. D. Mei, R Hariharan, and P. K. Reeser *"web server performance modeling"*, Telecomunication systems, vol. 16, no. 3,4, pp. 361-378,2001.

[R. Fontaine et P. Laurencot, 2007 a] R. Fontaine, P. Laurencot et A. Aussem, *Apprentissage des performances, surveillance en temps réel et contrôle d'admission d'un serveur Web utilisant les techniques neuronales*, Proc. 4th International IEEE of Science of Electronics, Technologies of Information and Telecommunication, 2007, act on CD-ROM ISBN 978-9973-61-475-9.

[R. Fontaine et P. Laurencot, 2007 b] R. Fontaine et P. Laurencot, *Mathematical model of the maximum throughput in infrastructure based wireless network*, Proc. 4th International IEEE of Science of Electronics, Technologies of Information and Telecommunication, 2007, act on CD-ROM ISBN 978-9973-61-475-9.

[R. Fontaine et P. Laurencot, 2009 a] R. Fontaine, P. Laurencot., A. Aussem, *Performance Modelling and Analysis of a Web Server International Journal on Computer Network and Internet Research,* Vol. 9 N°2, pages 31-35, 2009.

[R. Fontaine et P. Laurencot, 2009 b] R. Fontaine, P. Laurencot., A. Aussem, *Mixed Neural and Feedback Controller for Apache Web Server International Journal on Computer Network and Internet Research*, Vol 9 N°2, pages 25,30, 2009.

[Riedmiller M. et H. Braun. 1992] Riedmiller, M. et H. Braun. 1992. « RPROP A Fast Adaptive Learning Algorithm ».*Proceedings of the 1992 International Symposium on Computer and Information Sciences*, Antalya, Turquie. p. 279-285.

[Riedmiller M. et H. Braun. 1993]Riedmiller, M. et H. Braun. 1993. « A Direct Adaptive Method for Faster Backpropagation Learning: The RPROP Algorithm ». *Proceedings of the IEEE International Conference on Neural Networks*, p. 586-591.

[Rodney B.Wallace, Tyrone E. Mckoy, 1996] Rodney B.Wallace, Tyrone E. Mckoy, Jr *A performance monitoring and capacity planning methodology for web servers*, NCR Corporation.International CMG Conference 1996 pp.186-197.

[Sheng-Tzong Cheng, 2005] Sheng-Tzong Cheng: *"Performance Evaluation of Ad-Hoc WLAN by M/G/1 Queuing ......Model"*. International Conference on Information Technology: Codding and Computing Vol. 2 pp. 681-686, 2005.

[S. Mascolo et al., 1996] S. Mascolo, D. Cavendish, and M. Gerla. *ATM rate based congestion control using a smith predictor : an EPRCA implementation*. In Proceedings of IEEE INFOCOM '96, 1996.

[S. Parekh et al., 2002] S. Parekh, K. Rose, J. L. Hellerstein, S. Lightstone, M. Huras, and V. Chang. *Managing the performance impact of administrative utilities*. In IFIP Conference on Distributed Systems Operations and Management, 2003.

[Srinivasan Keshav, 1991] Srinivasan Keshav. *A control-theoretic approach to flow control*. In Proceeding of ACM SIGCOMM'91, September 1991.

[Tay, Y.,et K.Chua, 2001] Tay, Y.,and K.Chua, " A Capacity Analysis for the IEEE 802.11 MAC protocol," Wireless .Networks, vol. 7, no.2, pp. 159-171, Mar. 2001.

[Tatsuhiko T et al, 2001] Tatsuhiko T., Takuya O., Hasegawa G., Masayuki M., 2001: *Design and Implementation Experiments of Scalable Socket Buffer Tuning*, Proceedings of fourth Asia-Pacific Symposium on Information and Telecommunication Technologies(APSITT 2001),(Katmandu & Atami).p. 213-217.

[Virgilo A. et al., 1996] Virgilo A., Jussara of A., Christina M., 1996. *Performance analysis of a www server*. International CMG Conference, p. 829-838.

[Webstat] Webstat sur le site *http://www.webstat.net*

[W. Gong et al., 2001] W. Gong, Yong Liu, V. Misra, Don Towsley. *On tail of Web File Size Distributions*.

[X. Zhu et al., 2001] X. Zhu, J. Yu, J. Doyle. *Heavy Tails, Generalized Coding, and Optimal Web Layout*. In IEEE INFOCOM '01, April 2001 pp. 1617-1625.

[Yasuyuki F. et al, 2000] Yasuyuki F., Masayuki M., Hideo M., 2000. *Performance modeling and evaluation of web server systems with proxy caching*, Thèse de Doctorat, Osaka university, Japon.

[Y. Diao et al.,2002] Y. Diao, N. Gandhi, J. L. Hellerstein, S. Parekh, and D. Tilbury. *Using MIMO feedback control to enforce policies for interrelated metrics with applications and Management*, April 2002.

Index

A

Algorithme
    d'ajustage de MaxClients 60
    d'apprentissage : RPROP 91
    d'apprentissage 35
    de calcul 27
    de backoff 75
    de rétropropagation 31, 32
    pour le MVA 27
    RPROP 37
Analyse des performances 8
Apache 7
Apprentissage
    automatique 35
    par cœur 42
    supervisé 35
Autobench
    autobench 40
    autobench_admin 41

B

Backoff 75
Bande passante 78
Batchman 37
Boucle à rétroaction 67
Buffer 26

C

Clusters 27
Collectes des résultats 8
Collision Avoidance 3, 74, 75
Commande
    snns2c 50
    vmstat 22
    CGI 8
Configuration
    dans le simulateur 78
    de Apache 60
    de Autobench_admin 41
    de la machine 10
    de la topologie 78
    du labo 85
    expérimentale 39
    `fichier.conf` 59
    matérielle 51
    mémoire 10
Contrôle mixte 96

Contrôleur
    mixte 73
    mixte RNs et PI 4

D

Distribution log-normal 19
Données asynchrones 74

E

Essai/erreur 89

F

Fonction
    sigmoïde 33
    `sysctl` 59
FreeBSD 14

G

Générateur de jetons 53
Goulet d'étranglement 78

H

HTTPerf 40

I

Intercepteur de requêtes 53
Interface réseau 17

L

Latence 7
Leave-k-out 88
Linux 14
Loi de Little 10

M

Matlab 37

MaxSpareServers 21
Métrique 14, 16, 51, 62, 63, 70
Modèle fermé 27
Modélisation
    modélisation 30
    d'un serveur web 95
    de Apache 63
    de la transmission radio 77
    des performances 4, 5, 96
    mathématique 80
    neuronale 31, 88
    neuronale des métriques 5, 95
    par réseaux de neurones 97
    des performances 3
Module Gate 58
Multiplexage 55

N

Netlab 37
Neurones artificiels 73

O

OTcl 78

P

Paramètre
    MaxClients 21
    Maxusers 25
    somaxconn 23
    d'optimisation 31
    MinSpareServers 21
Perceptron multicouches 50
Performances 7
Pile de protocole 10
Point d'accès 76
Pont Ethernet 76
Pool de processus 11
Processus
    de Poisson 40
    Maître 21
    worker 21

R

Requêtes 7
Réseau
    appris 37
    de classe unique 27
    de neurones 31, 32
    de neurones (RNs) 51
    de très haut débit 8

filaire 76
intégré 37
local filaire 74
local sans fil 74
mbufs 26
NS 77
NS-2 74
pour les protocoles UDP et TCP 94
sans fil 74, 76
sans fil en modes ad-hoc 74
sans fil en modes ad-hoc et à infrastructure 74
Bsdsar 10
à 3 couches 31
de files 27
Resilient Backpropagation 37
Rétropropagation
    classique 38
    ordinaire 43
    résiliente 45
    retropropagations 32

S

serveurs distribués 7
simulation
    des réseaux 77
    des réseaux sans fil 77
    simulations 13
Sur-apprentissage 35
Synchronisation 40

T

Thread
    thread 54
    thread-safe 55

U

Unix/sar 8

V

W

Webchildren 10
WebMASTER 10
Webston 29
Workload 14

Oui, je veux morebooks!

i want morebooks!

Buy your books fast and straightforward online - at one of world's fastest growing online book stores! Environmentally sound due to Print-on-Demand technologies.

Buy your books online at
www.get-morebooks.com

Achetez vos livres en ligne, vite et bien, sur l'une des librairies en ligne les plus performantes au monde!
En protégeant nos ressources et notre environnement grâce à l'impression à la demande.

La librairie en ligne pour acheter plus vite
www.morebooks.fr

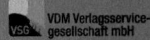

VDM Verlagsservicegesellschaft mbH

Heinrich-Böcking-Str. 6-8   Telefon: +49 681 3720 174   info@vdm-vsg.de
D - 66121 Saarbrücken   Telefax: +49 681 3720 1749   www.vdm-vsg.de

Printed by Books on Demand GmbH, Norderstedt / Germany